Johannes Wirth
Gib nie auf

W0041129

Über Johannes Wirth (Autor)

Johannes Wirth, Jahrgang 1955, ist verheiratet und Vater von zwei erwachsenen Töchtern.

Nach Abbruch einer Landwirtschaftslehre hatte er unterschiedlichste Jobs wie Briefträger, Fließbandarbeiter, Sportartikelverkäufer, Versicherungsfachmann und Produktmanager im Einzelhandel.

1995 durchbricht er seine berufliche Laufbahn und wird Pastor der «GvC Chile Hegi» in Winterthur, einer heute 1400 Gottesdienstbesucher umfassenden Freikirche. Parallel zum Aufbau der Kirche sieht er die soziale Verantwortung der Christen für ihre Stadt und gründet 1990 die «Quellenhof-Stiftung» für Menschen am Rande der Gesellschaft.

Über Verena Birchler (Ghostwriting)

Seit vielen Jahren leitet die Medien- und Kommunikationsfachfrau Seminare, die durch ihren praxisorientierten Ansatz echte Hilfe in Konfliktsituationen vermitteln. Sie coacht öffentliche Persönlichkeiten für Medienauftritte und ist regelmäßig auf dem Radiosender «Life Channel» zu hören. In ihren Sendungen stellt Verena Birchler kritische Fragen und bohrt gerne nach, wenn sich hinter kurzen Sätzen spannende Geschichten verstecken.

Johannes Wirth

mit Verena Birchler

Gib nie auf

Erlebe Gottes Möglichkeiten

BRUNNEN

VERLAG BASEL·GIESSEN

Bibliografische Information der Deutschen Bibliothek
Die Deutsche Bibliothek verzeichnet diese Publikation in der
Deutschen Nationalbibliografie; detaillierte bibliografische Daten sind
im Internet über http://dnb.ddb.de abrufbar.

Copyright © 2010 by Brunnen Verlag Basel

Schrift Lauftext: Utopia regular

Fotos Umschlag und Innenteil: Johannes Wirth
Grafik und Typografie Umschlag: Martina Reichenbach
Satz: InnoSet AG, Justin Messmer, Basel
Druck: Aalexx, Großburgwedel
Printed in Germany

ISBN 978-3-7655-1469-2

Inhalt

Vorwort

Dieses Buch dient einem einzigen Ziel: der Ermutigung!

In meinem Leben brauchte ich in vielen unterschiedlichen Situationen Ermutigungen. Ich griff dann gerne zu Büchern, in denen ich ganz unterschiedlichen Lebensgeschichten begegnete. Die dort beschriebenen Menschen standen oft vor ähnlichen oder noch größeren Hindernissen als ich. In ihrem Leben spürte ich, wie sie mir zuriefen:

«Auch wenn uns immer wieder Schwierigkeiten bedrängen, wir lassen uns nie von ihnen überwältigen. Es stimmt, wir sind oft ratlos. Aber wir verzweifeln nicht, denn unser Gott ist treu!»

Und das sind genau die Wahrheiten, die ich mit meinem Buch weitergeben möchte.

Manchmal beschleicht mich zwar der Gedanke, dass mein Buch zu früh kommt. Müsste ich nicht doch noch warten, bis meine Zeilen ausgereifter, sorgfältiger gewählt und besser formuliert sind?

Und manchmal habe ich den Eindruck, ich müsste noch länger warten, bis ich auch auf der nächsten und der übernächsten Wegstrecke nicht aufgegeben habe, und als ob es noch mehr Bewährung brauche, um andere zu ermutigen. Aber dem ist nicht so. Ich begegne dermaßen vielen Männern und Frauen, die Ermutigung benötigen. Perfekt werde ich nie. Und so lege ich das unausgereifte Werk in Gottes Hände. Ich freue mich, wenn er es dafür brauchen kann, wozu ich es geschrieben habe: nämlich um *Sie* zu ermutigen!

Dank

Von ganzem Herzen möchte ich den vielen Menschen danken, die an meinen Fehlern und Begrenzungen nicht irregeworden sind und mir über viele Jahre hinweg treu zur Seite gestanden haben. Menschen, die mich ergänzt, ermutigt, korrigiert und ganz verrückte Dinge mit mir gewagt haben.

Es sind zu viele, um sie hier alle zu nennen. Doch trotz der Wahrscheinlichkeit, einige ganz wichtige Personen zu vergessen, möchte ich ein paar Namen nennen, die mir enorm viel bedeuten: Meine Frau Erika, die dermaßen viel mit mir ausgehalten hat und mich so wunderbar ergänzt. Meine Töchter Judith und Esther, auf die ich überaus stolz bin, denen ich das aber viel zu wenig gesagt habe. Marcel Mettler, mit dem ich seit über zwanzig Jahren in Freundschaft und im Aufbau der Quellenhof-Stiftung und der GvC tief verbunden bin. Markus und Stefan Reichenbach, deren tiefe Freundschaft seit Jahrzehnten und bis zum heutigen Tag aus viel, viel mehr als Worten besteht. Charles Reichenbach, der mir großes Vertrauen entgegengebracht hat. Die Mitglieder des GvC-Ältestenrats und der Gemeindeleitung sowie die Stiftungsräte und Mitpioniere der Quellenhof-Stiftung, die so vieles mit mir gewagt und durchgekämpft haben. Nicht zuletzt mein Vater und meine (leider bereits verstorbene) Mutter, die ich von Herzen liebe und ehre, sowie mein Bruder Martin, der mir vor 33 Jahren beharrlich den Glauben schmackhaft machte.

Mein Dank geht auch an Susi Hediger, die geduldig all die Texte vom Diktafon abschrieb. Ebenso an Verena Birchler, die in unzähligen Stunden meine Entwürfe in eine lesbare Form brachte, und natürlich an Tina Reichenbach für die Covergestaltung.

Entschuldigung

Dann möchte ich die Gelegenheit ergreifen, all die Menschen um Entschuldigung zu bitten, die unter meinen Fehlern und Unzulänglichkeiten gelitten haben, ja, die vielleicht sogar durch mich Schaden genommen haben und innerlich verletzt sind. Je älter ich werde, desto mehr wird mir bewusst, wie viele Fehler ich gemacht habe. Ich habe zwar mein Bestes gegeben, aber ich weiß, das war allzu oft zu wenig. Bitte vergebt mir!

Johannes Wirth

PS: Und nun, liebe Leserin, lieber Leser, da wir uns nun schon ein wenig besser kennen, möchte ich auch vom «Sie» zum «Du» übergehen. Okay?

Kapitel 1
Kindheit, Ehe, Arbeitswelt:
Als Versager geboren?

Ich machte früh Karriere, schon in der zweiten Klasse. Und zwar eine Karriere als Versager. Damals waren Linkshänder noch Schüler, die man umpolen musste. Geschrieben wird mit rechts! Meine Lehrerin hat mir ein rotes Schnürchen um die linke Hand gewickelt. Dieses rote Band hat alles klargemacht: Die «rote» Hand war die böse Hand, und die Hand ohne Band, das war die gute Hand.

Habe ich mit der «bösen» Hand geschrieben, klatschte das Lineal schmerzhaft auf meine Haut; schrieb ich mit der «guten» Hand, war meine Schrift so schlecht, dass sie nur schwer zu lesen war. Meine Lehrerin, und später auch manch anderer Lehrer, zerriss deshalb oft meine Hefte. Auch wenn ich mich noch so sehr bemühte, in meinen Zeugnissen kam ich bei den Schreibnoten nie über eine Drei bis Vier (Note Sechs war das Beste) hinaus.

Immer wieder hieß es: «Schreib schöner. Du schreibst ja schrecklich!»

Diese Worte prägten mein ganzes Leben. Immer wieder hingen die Erfahrungen der Schulzeit wie eine dunkle Wolke über mir. Zeichnen war etwas Katastrophales, ich kam nie über die Note Drei hinaus. Geometrie und Rechnen waren für mich der blanke Horror. Bei handwerklichen Fächern hatte ich immer das Gefühl, ich hätte zwei völlig unbrauchbare Hände, nichts wollte mir gelingen. Und so war für mich die ganze Schulzeit mit viel Leiden verbunden.

Dazu war ich in allen Ballsportarten völlig talentfrei, und mein linkisches Verhalten machte mich in meinen Klassen zum Außenseiter. Egal ob Fußball oder Handball – bei der Mannschaftseinteilung wurde ich meistens als Letzter gewählt. Dabei wollte ich doch auch dazugehören. Es war jedes Mal wie ein Spießrutenlauf. Hart und demütigend. Zwanzig Kinder auf dem Spielfeld, eines nach dem anderen wurde durch die zwei Mannschaftsführer ins Team gerufen. Die Gruppe in der Mitte wurde immer kleiner und kleiner. Die sich bildenden Mannschaften berieten sich dann, wie sie die übrig gebliebenen «Flaschen» unter sich aufteilen wollten. Und unter den Letzten war ich meist der Allerletzte. Aber eine der Mannschaften musste mich dann wohl oder übel nehmen.

Hart, diese Momente, die sich immerzu wiederholten. Was versuchte ich doch alles, um dazuzugehören und angenommen, beliebt zu sein! Doch je mehr Mühe ich mir gab, desto mehr scheiterte ich. Meine Karriere als Versager hatte ich erfolgreich gestartet.

«Johann, sattle die Hühner, wir reiten nach Texas!»

All dies hat sich sehr tief in meinem Unterbewusstsein eingeprägt. Übrigens, ich war nicht nur ein Versager. Ich hatte noch mehr parat, um mich zum absoluten Außenseiter zu machen. Ich hatte meine «Ticks» mit den Augen, mit den Haaren, mit der Nase. Ich machte Faxen und Figuren, konnte es fast nicht lassen. Dabei schämte ich mich so sehr dafür: Immer diese «Faxen» …

Meine Kindheit war voller Ablehnung, selten habe ich irgendwo dazugehört. Immer wieder habe ich versucht, Freunde zu finden. Statt Freunden fand ich Hohn. Mein Name eignete sich gut, um sich über mich lustig zu machen. Johannes wurde zu Johann – alle liebten es, mich als den doofen Butler hinzustellen. So riefen die anderen Schüler bald: «Johann, tu dies. Johann, tu jenes.» Und damals gab es auch den Spruch: «Johann, sattle die Hühner, wir reiten nach Texas!»

Meinen Eltern und Lehrern blieben mein Verhalten und die teilweise sehr schlechten Schulnoten natürlich nicht verborgen, so dass die Erwachsenen offenbar davon ausgingen, dass ich irgendein Defizit hätte. In der Folge ließen sie von einer Fachärztin abklären, ob bei mir alles richtig tickte.

An die Tests kann ich mich noch gut erinnern. Es ging dabei genau wieder um die Dinge, die ich sowieso hasste: Drähte zu einem Gebilde formen, Zeichnungen entwerfen. Ich sehe den Baum noch vor mir, den ich malen musste. Weil ich ja miserabel zeichnete, war es ein echter Krüppelbaum. Fast keine Blätter und – natürlich – keine Wurzeln. Wer zeichnet denn schon Wurzeln, wenn man nicht gut zeichnen kann? Doch wen kümmerte das schon …

Fehlende Wurzeln eignen sich besonders gut zum Interpretieren. Offenbar sahen die Fachleute darin einen deutlichen Hinweis darauf, dass ich daheim in der Familie schlecht verwurzelt war. Und dann war da noch die lange, schwarze Linie quer durch das Sprechzimmer. Ich musste möglichst gerade darauf gehen (kann mir irgendjemand sagen, warum?). Die Ärztin lud dann meine Eltern zum Abschlussgespräch ein, selbstverständlich ohne mich. Als sie aus dem Sprechzimmer kamen, wirkten sie ziemlich bedrückt. Später erfuhr ich, dass die Ärztin meinen Eltern besorgt mitgeteilt hatte, sie müssten damit leben können, dass aus ihrem Sohn halt nie etwas Rechtes werden würde.

In dieser Zeit bekam ich irgendwoher Briefmarken – alte, schöne Marken –, und ich begann, Marken zu sammeln. Ich hatte etwa vier Alben voll. In unserem Wohnblock gab es einen älteren Mann, der ein erfolgreicher Markensammler war. Ich zeigte ihm meine Sammlung, und wir fingen an, Marken auszutauschen. Ich war hellauf begeistert. Oft gab er mir für eine Marke mehrere andere.

Plötzlich gab es da jemanden in meinem Leben, der für mich wirklich das Beste wollte. Meinte ich. Jahre später realisierte ich, dass ich zwar viele Marken besaß, aber die besten, die wichtigsten, die teuersten aus den jeweiligen Serien, die fehlten mir.

Die 68er-Bewegung – endlich gehörte ich dazu

Ich litt wirklich in der Schule, ja meistens hasste ich sie geradezu. Außer wenn wir irgendein Schul-Theaterstück spielen konnten. Da war ich gut. So richtig gut! Da konnte ich brillieren. Und dann gab es noch das Schulfach «Religion». Und hier lief ich zur Höchstform auf. Da gab es dann meistens die Bestnote Sechs. Nur, was bringt mir eine Sechs in Reli, wenn ich sonst ein Versager bin? Mit einer Sechs in Religion kann man sein schlechtes Image bei den Mitschülern nicht aufpolieren.

Nach sechs Jahren Primarschule habe ich es knapp in die Realschule geschafft. Wer zu jener Zeit in gewissen Teilen der Schweiz die Realschule besuchte, hatte keine guten Zukunftschancen. Und das bekam ich auch immer wieder zu spüren. Während der ganzen Schulzeit fühlte ich mich abgelehnt, wenig wert. Ich litt. Tag für Tag erlebte ich, wie es ist, zurückgestoßen zu sein und nicht dabei sein zu können.

Die Suche nach Anerkennung trieb mich dann früh in die Abenteuerwelt der Großstadt. Ich war dreizehn, als ich immer öfters mit dem Zug nach Zürich fuhr. Dort verbrachte ich meine Zeit im «ShopVille», der damaligen Hasch- und

Alki-Szene. Und selbstverständlich zogen mich als Jugendlichen auch das Rotlichtviertel, die Bars und Sex-Kinos im «Niederdorf» an.

Hier traf ich erstmals Homosexuelle. Ich war mit meinen langen blonden Haaren offenbar ihr Typ. Sie luden mich zum Essen, zu einem Drink oder einer Spritzfahrt mit tollen Autos ein. Das gefiel mir, endlich war ich beliebt. Ich sah offenbar auch etwas älter aus. Natürlich sagte ich ihnen nicht, wie alt ich wirklich war. Zu echten sexuellen Handlungen kam es nie. Meist vertröstete ich sie auf ein nächstes Treffen, ging aber dann nicht hin.

Einmal bog einer mit mir im Auto in ein Waldstück, hielt an, öffnete seine Hosen und machte sich daran, meine zu öffnen. Das Ganze ging mir dann doch zu weit. Nur mit allergrößter Mühe und dank tausend Versprechungen auf ein anderes Mal ließ er von mir ab und fuhr mich nach Hause.

Zu jener Zeit entwickelte sich die sogenannte «68er-Bewegung». Die großen Straßenschlachten unzähliger Jugendlicher, insbesondere der linken marxistischen Studentenbewegung, gipfelten in Zürich im «Globuskrawall». Ich stand abseits und schaute zu. Irgendwie war es prickelnd, dabei zu sein, aber doch nicht mittendrin.

Die Protestbewegung bekam dann das, was sie wollte: die «Autonome Republik Bunker», einen riesigen Militärbunker unter dem Lindenhof, dem heutigen Urania-Parkhaus. Diese Bunkeranlage mit ihren verschiedenen Räumen wurde echt autonom geführt. Das hieß, die Polizei hatte keinen Zutritt, und die sonst gültigen Regeln und Gesetze hatten dort keine Bedeutung.

Ich ging oft hin, lag mit anderen Jugendlichen in einem der total verrauchten Betonräume und ließ mich von Rockmusik zudröhnen. Mitten in dem Gemisch von Zigaretten-

und Haschischrauch, Schweiß und ekelhaft stinkenden Füßen hatte ich das Gefühl von Zugehörigkeit. Ich empfand Freiheit und Gemeinschaft.

Allerdings hielt diese Zeit nicht lange an. Denn im Bunker suchten immer mehr Jugendliche, die aus Jugendheimen ausgebrochen waren, Unterschlupf. Auch solche, die nach Einbrüchen und Diebstählen vor der Polizei sicher sein wollten, fanden im Bunker «Asyl». Und dann waren da auch noch die bewunderten und zugleich gefürchteten «Rocker». Sie waren mit schweren Eisenketten bewaffnet, und wehe, jemand führte sich nicht so auf, wie sie wollten ...

In Winterthur, meinem Wohnort, kam ich mit Leuten aus dem «Forum 70» in Kontakt. Das war eine Gruppe mit einem riesigen Eifer und einem ebenso großen Anliegen. Ich hatte zwar keine Ahnung, worum es überhaupt ging, aber das war mir auch egal. Mir war nur wichtig, dass ich irgendwo dazugehörte.

Wir druckten irgendwelche Flyer, verteilten sie in Winterthur und Zürich – und dann kam der Höhepunkt. Eine richtige Demo in Winterthur. Wir bastelten uns Transparente und zogen in einem Fackelzug durch unsere Stadt. Im Wesentlichen ging es um Proteste gegen die marxistische Studentenbewegung. Doch was «rechts» und was «links» war, wusste ich damals nicht. Hauptsache, ich war integriert in einer Gruppe und nicht mehr der kleine Bub, der bei den Sportstunden als Letzter gewählt wurde.

Nach insgesamt nur acht Jahren Schule hatte ich genug und sagte «Tschüss». Ich ging mit dem Ziel, Bauer zu werden, in die französischsprachige Schweiz, ins «Welschland». Brav lernte ich Französisch und machte offiziell eine Landwirtschaftslehre. Nach acht Monaten klebte ich einen Zettel an

meine Zimmertüre. Auf diesem stand: «Je suis parti, Jean» –
«Ich bin gegangen, Johannes»!

Dann kam der Militärdienst und damit die Rekrutenschule.
Eigentlich hatte ich mich darauf gefreut. Im Vorfeld hörte
ich viele tolle Geschichten von Kameradschaft und so. Aber
von diesem Geist war in unserer Truppe absolut nichts spürbar. Im Gegenteil: Jeder war voll auf dem Egotrip und dachte
nur an sich selber. Und es war wie immer: Die einen waren
«in», und die anderen waren «out». Was für eine schreckliche
Zeit war das!

Ich war bei der Straßenpolizei eingeteilt, fuhr ein Motor-
rad, aber auch da zog sich mein mir so bekanntes Lebens-
muster weiter fort: Durch meine linkische Art machte ich
vieles falsch. Das fiel den Vorgesetzten natürlich auf, und so
bekam ich jede «Drecksarbeit». Es war schrecklich. Je mehr
ich falsch machte, umso mehr wurde ich schikaniert. Je
mehr ich schikaniert wurde, umso mehr machte ich falsch.

Es gab Tage, an denen ich im Gespräch gegenüber Vorgesetzten zu stottern begann und nicht mehr wusste, was
oben und was unten war. Als Strafe wurde dann der Urlaub
gestrichen. Und wieder realisierte ich: Ich, Johannes Wirth,
bin ein Versager.

«Johannes, es kommt nur auf dein Herz an»

Ich war in all den Jahren in einer tiefen Minderwertigkeit
gefangen. War ich als Versager geboren? Ich war ja auch das
schwarze Schaf der Familie. Mein Vater war reformierter
Pfarrer, also Akademiker. Mein Bruder wurde Arzt, und
meine Schwester besuchte das Gymnasium und ließ sich als
Krankenschwester ausbilden. Ich hatte keine Lehre, ich hatte
nichts, nicht einmal einen guten Schulrucksack.

Meinen Vater fragte ich: «Vati, schämsch di nöd mit mir?» – «Vati, schämst du dich nicht für mich?» Seine umgehende Antwort: «Johannes, es chunnt nur uf dis Härz a.» – «Johannes, es kommt nur auf dein Herz an.»

Diesen Satz und Vaters Blick vergesse ich nie mehr, dieser Moment grub sich tief in meine Seele hinein. Es hat mich sehr tief bewegt und hat mich nie mehr losgelassen. Ich spürte, dass ich nicht als Versager geboren bin. Und tief in meinem Herzen realisierte ich, dass mein Vater zu mir steht.

Meine Eltern beteten während all der vergangenen Jahre für mich. Wenn ich nach Hause kam, sei es aus dem Bunker, aus einer Szenekneipe im Niederdorf oder sonst irgendwoher, schmissen sie mich nicht raus oder sagten: «Du kommst uns nicht mehr nach Hause!» Nein, im Gegenteil, sie hörten mir zu, ließen mich erzählen und signalisierten mir: Du bist wertvoll.

Dieser eine Satz: «Es kommt auf dein Herz an», gab mir Halt und Zuversicht. Meine Eltern gaben mir die Sicherheit, dass ich immer wieder nach Hause kommen konnte. Und das gab mir die Kraft, mein Leben nicht aufzugeben, obwohl ich mit meinen Minderwertigkeitsgefühlen und mit meinem linkischen Verhalten alles falsch machte.

Zum Nachdenken

Vielleicht hast du einen Sohn, eine Tochter, wie ich es war, oder du hast ein Kind, von dem die Fachleute direkt oder indirekt sagen, dass seine «Erfolgsaussichten» wegen seiner Begrenzungen und Defizite gering sind. Ein Kind, das voller Minderwertigkeitskomplexe ist, so anders als viele andere. Ein Kind, aus dem du eigentlich mehr herausholen und für das du mehr erreichen und einplanen möchtest. Mehr als das, was du im Augenblick siehst. Sag deinem Kind jeden

Abend vor dem Einschlafen, wie sehr du es liebst und wie unendlich wertvoll es in Gottes Augen ist. Nimm es regelmäßig auf deine Knie und sag ihm immer und immer wieder, dass es nicht auf seine Leistungen ankommt, sondern auf sein Herz.

Doch wie gut, dass du nicht alles selber machen musst. Vergiss nicht die Kraft des Gebets. Regelmäßige, innige Gebete können zu einem enorm starken Fundament werden – für dich und für dein Kind. Denn der Herrgott sieht die Tränen liebender Eltern.

Kapitel 2
Auf der Flucht – aber Gott bleibt dran!

Ich wuchs in einem reformierten Pfarrhaus auf und erlebte in meinem Elternhaus, was es bedeutet, mit dem Fundament des christlichen Glaubens durch dick und dünn zu gehen.

Im Welschland absolvierte ich in Cuarnens sur Cossonay eine Landwirtschaftslehre. In dem kleinen Bauerndorf lebte auch die aus der Deutschschweiz stammende Familie Staub. Als ich in Cuarnens ankam, war es bereits Tradition, dass sich die «jeunes filles» («junge Mädchen») und «garçons» («Jungs») aus der Deutschschweiz in fast jeder freien Minute auf dem Bauernhof der Staubs trafen. Auf dem Heuboden, in der Stube, in der Scheune – es waren geniale Stunden, die wir Jugendlichen dort verbrachten.

Einmal in der Woche, immer am Freitag, kam ein Pfarrer von der Stadtmission in Lausanne. Während dieser Jugendabende sprach er mit uns immer über irgendwelche biblischen Themen. Ehrlich gesagt, wir langweilten uns enorm. Aber was sollten wir tun? Wir erlebten bei Staubs eine so herzliche Gastfreundschaft, da konnten wir doch nicht am Freitagabend einfach wegbleiben. Also setzten wir uns «brav» in den Kreis, sangen Lieder wie «Von ferne blinkt das Kreuz von Golgatha». Na ja, eine Stunde pro Woche war das auszuhalten.

Wir ließen diese Jugendstunden über uns ergehen. Und trotzdem hatten sie einen starken Einfluss auf mich. Sie weckten eine unbestimmte Sehnsucht in mir, genauso wie Erinnerungen an die Sonntagsschulzeiten bei meiner Mutter im Pfarrhaus.

Dann kam ein Ausflug auf die «Playarde». Das war irgendeine Narzissenwiese auf einer Alp. Ein paar hundert Jugendliche aus dem ganzen Einzugs- und Wirkungsgebiet der Stadtmission trafen sich dort zum Jahresfest. Und ich, Johannes, war auch dabei. Die Predigt war feurig, die Lieder waren berührend, und dann kam der «Aufruf». Ich saß da, mitten auf der riesigen Wiese, unter all den Jugendlichen, und der Prediger donnerte lautstark über Himmel und Hölle.

«Himmel und Hölle?», durchzuckte es mich. Der Prediger rief dazu auf, sich klar für den Himmel oder für die Hölle zu entscheiden. Nein, in die Hölle wollte ich nicht. Also hob ich die Hand, ich wollte mir das Ticket für den Himmel nicht entgehen lassen.

Nur nicht den braven Johannes geben!

Nach acht Monaten brach ich mein Welschlandjahr ab und ging wieder nach Hause. Mein Ticket zum Himmel hatte aber keine nachhaltige Wirkung hinterlassen, ein echtes Leben mit Jesus war in meinem Kopf, in meinen Gedanken und Gefühlen nicht vorgesehen. Im Gegenteil. Mir grauste davor, jetzt plötzlich ein braver Johannes sein zu müssen. Nein, ich wollte mein Leben genießen ohne die beengenden Grundsätze dieses Gottes. So entschied ich mich, endlich zu leben, wie ich wollte, und so richtig krass zu sündigen.

Wieder daheim, arbeitete ich in verschiedenen Teilzeit-Jobs und fasste den Entschluss, ein Wochenende in Genf zu verbringen. Dort wollte ich alles kennen lernen, was ich in den ersten acht Monaten im Welschland verpasst hatte. Ganz dem damaligen Zeitgeist entsprechend: sex, drugs and rock'n'roll. Oder auf gut Umgangsdeutsch: Ich wollte einfach mal so richtig die Sau rauslassen.

So fuhr ich mit dem Zug bis nach Genf, kam im Bahnhof an und suchte ein Hotelzimmer. Ich ging zur Information. Doch wegen eines Kongresses gab es in ganz Genf praktisch keine freien Zimmer mehr. Ich bekam dann doch noch eine Adresse, mit der ich mich auf den Weg machte. Kurze Zeit später stand ich vor einem uralten Hotel.

Mit meinen damals sechzehn Jahren fragte ich an der Rezeption, ob das Hotel die ganze Nacht offen sei und ob ich zurückkommen könnte, wann immer ich wollte. Sie schauten auf mein Geburtsdatum und sagten mir, dass das Hotel um 23.00 Uhr schließen würde. Und einen Schlüssel wollten sie mir nicht geben.

Dieser alte Schuppen war sowieso nichts für mich, also lehnte ich das Zimmer ab und fuhr wieder zurück zum Bahnhof. Und schon war ich wieder am Informationsschalter, aber die schüttelten dort nur den Kopf.

Ich schaute ein wenig irritiert im Bahnhofsgebäude umher, als meine Augen an einem Plakat der «Stadtmission» hängenblieben. Darauf war zu lesen, dass man dort übernachten konnte. Also rief ich sogleich an. Am Telefon erwähnte ich meinen Namen und mein Alter und wollte wissen, ob ich bei ihnen übernachten könnte. Super – sie hatten tatsächlich noch ein Bett frei. Natürlich wollte ich sofort wissen, ob ich da eintrudeln durfte, wann immer ich wollte. Schließlich stand ja immer noch «Leben und Sündigen» auf meinem Tages- und Nachtplan.

Zu meiner Überraschung gab es in der Stadtmission keine offiziellen Schließzeiten. Also fuhr ich hin. Dort sagte man mir, dass ich mit jemandem, der schon seit einigen Monaten in Genf sei, das Zimmer teilen müsse. Dieser Zimmergenosse war ein Mann, der mit Jesus unterwegs war. Als ich ihn sah, spürte ich sofort, dass er mich nicht als Zimmergenossen haben wollte. Er empfand mich als Eindringling. Ich gab ihm aber sofort zu verstehen, dass ich mich nicht lange im Zimmer aufhalten würde. Ich habe mich nur kurz umgezogen und ihn darüber informiert, dass ich wahrscheinlich erst in den frühen Morgenstunden wieder zurückkehren würde.

Ich verließ die Stadtmission und streifte durch Genf. Trotz aller Versuche fand ich nicht das richtige Stadtviertel, um irgendwelche Frauen aufzureißen. Nicht mal solche, die ich hätte bezahlen können. Nirgends war etwas los. Genf war an diesem Abend die langweiligste Stadt der Welt, und ich mittendrin!

So stand ich, oh Elend, bereits nach eineinhalb Stunden wieder in meiner Stadtmissions-Unterkunft. Mein Zimmergenosse lag auf seinem Bett, und nach zehn Minuten begann er mit mir zu reden. Er wollte wissen, wovor ich auf der Flucht sei und wie ich mir mein Leben vorstellte. Da wollte ich das große Leben erfahren – und nun saß ich mit irgendso einem Typen in der Stadtmission und redete über Gott und unsere Existenz.

Nach diesem Gespräch war ich überhaupt nicht begeistert. Ich dachte nur: «Gott verfolgt mich ...»

Gott gönnt mir gar nichts!

Zwei Jahre später führte mich mein Weg nach Israel in den Kibbuz «Magen» in der Wüste Negev. Zu dieser Zeit besuchten Tausende von Schweizern solche Kibbuzim. An diesem Ort befanden sich etwa dreißig Volontäre aus der Schweiz, Holland, England und Deutschland. Viele dieser jungen Leute waren aus Idealismus hier, andere waren aus dem gleichen Grund gekommen wie ich. Sie wollten ein Abenteuer erleben. Wiederum ein Teil war da, weil sie zerbrochene Beziehungen verarbeiten wollten, andere waren auf der Flucht von zu Hause, weil sie irgendetwas ausgefressen hatten.

Wir arbeiteten täglich bis zu sechs Stunden, der Rest des Tages stand zur freien Verfügung. Da waren wir nun, ein bunter Haufen mit enorm viel Freizeit. Der Alkohol floss in Strömen, man verliebte sich und wechselte bald wieder den Partner. Endlich konnte ich all das erleben, was ich schon so lange wollte.

Doch da gab es ein Problem, nein, es waren sogar zwei Probleme. Zwei Mädchen. Die redeten dauernd von Jesus. Und dann machte ich noch den Fehler, ihnen zu erzählen, dass ich eigentlich auch Christ sei. Also zumindest hätte ich mich mal dafür entschieden, in den Himmel zu kommen.

Was musste ich für meine lose Zunge büßen! Jedes Mal, wenn ich wieder so richtig «loslegen» wollte, kamen diese zwei Mädchen mit ihrem moralischen Zeigefinger daher: «Johannes, du bist doch Christ, oder? ...» Die zwei nervten, aber so richtig. Die beiden haben mir so manches Abenteuer vermiest. Und doch gehörten sie mit ihren Moralpredigten zu Gottes Plan. Sie bewahrten mich vor manchem weiteren Absturz.

Allerdings erlebte ich bei meiner ersten Israelreise nicht nur Bewahrung. Bei der Anreise nach Israel lernte ich im Flugzeug Dani kennen. Wir verstanden uns auf Anhieb, kamen in denselben Kibbuz, bezogen dasselbe Zimmer. Wobei «Zimmer» etwas großzügig formuliert ist. Es war eher eine kleine Ecke in einer Baracke. Die ganzen drei Monate im Kibbuz waren wir unzertrennlich.

Endlich hatte ich es geschafft, ich hatte meinen ersten wirklichen Freund! Einen, mit dem ich durch dick und dünn gehen konnte, einen, der eben ein echter Freund war.

Gemeinsam träumten wir und schmiedeten Pläne. Wir wollten nur kurz nach Hause fliegen, packen und dann für immer nach Israel auswandern. Doch es kam anders. In den letzten zwei Wochen unserer Israel-Zeit fuhren wir per Anhalter in ganz Israel herum. Herrlich, die Nächte unter freiem Himmel! Am Ende unseres Trips kamen wir für ein paar Tage nach Nueba, auf dem Sinai; ein Ort, der damals noch von Israel besetzt war. Da gab es alles: Sand, Sonne, Meer, Korallen und wildes, freies Leben.

Am zweiten Tag lagen wir am Strand, wir genossen einfach diese unbeschwerten Stunden. Dani war zwar kein guter Schwimmer, aber die Küste war nur leicht abfallend, da konnte man auch ohne Schwimmen dieses Paradies unter Wasser beobachten.

Dani ging mit der Tauchermaske ins Wasser. Er muss da etwas Wunderschönes gesehen haben, denn ein kleines Mädchen beobachtete ihn, wie er mit dem Gesicht nach unten im Wasser stand. Die Kleine ging hin und wollte sehen, was es da zu entdecken gäbe. Da sich der Mann aber nicht bewegte, holte sie ihre Mutter. Diese kam herzugeeilt, gab dem Mann einen Stups – und er fiel im Wasser um. Nur die Wellen hatten Dani aufrecht gehalten.

Während das geschah, lag ich friedlich in der Sonne auf meinem Badetuch. Plötzlich hörte ich Schreie. Ich rannte hin und fand meinen Freund im Wasser liegend. Ein Bademeister kam daher. Gemeinsam trugen wir Dani ans Ufer. Und schon wieder lief alles total schief.

Der Krankenwagen war in Reparatur, und wir konnten lediglich einen kleinen Lastwagen benutzen. Wir packten Dani auf die Ladefläche und fuhren los Richtung Eilat. Eine volle Stunde dauerte diese Fahrt. Ich habe nie mehr vergessen, wie der Bademeister und ich uns auf der Ladefläche festhielten und abwechselnd den leblosen Körper von Mund zu Nase beatmeten.

Sechzig elend lange Minuten. Sechzig Minuten der Resignation. Aber immer wieder schöpften wir Hoffnung, glaubten, dass Dani noch lebte. *Er atmet, nein, er atmet doch nicht.* Es war heiß, diese unbeschreibliche Hitze, es waren über vierzig Grad im Schatten.

Unterwegs fiel dem Bademeister ein großer roter Fleck am Körper meines Freundes auf. Er meinte, dass Dani vielleicht von einem Rotfeuerfisch «gestochen» worden war. Dessen Gift würde lähmend wirken. Nach einer gefühlten Ewigkeit erreichten wir das Krankenhaus von Eilat.

Die avisierte Polizei schloss mich in einen Raum ein, und kurze Zeit später wurde ich verhört. Eine schreckliche Erfahrung. Plötzlich stand ich unter Verdacht, meinen Freund – den ersten, den ich je hatte – umgebracht zu haben.

Als ich einige Stunden später entlassen wurde, fühlte ich mich wie im falschen Film. Ich stand da, mitten auf einer Straße in irgendeiner Wüstenstadt. Mein treuester Freund, mein einziger echter Freund, den ich je hatte, war tot. In mir tobte ein Chaos aus Schmerz, Wut, Trauer und tiefer Einsamkeit. Einmal mehr war ich allein. Unser beider Traum von einem gemeinsamen Leben in Israel war zerplatzt.

Per Autostopp fuhr ich dann zurück in den Kibbuz. Ich konnte kaum klar denken. Ich erinnere mich aber noch gut daran, dass ich einige Leute bat, mich vom Sprungbrett aus in den Swimmingpool zu stoßen. Irgendetwas Irrationales sagte mir, wenn ich jetzt nicht ins Wasser ginge, würde ich es nie mehr tun.

Meine Zeit in Israel war abgelaufen. Mit dem Schiff fuhr ich nach Genua und mit dem Zug weiter in die Schweiz. Nun wartete noch ein schwerer Gang auf mich: der Besuch bei Danis Eltern. Es war unendlich deprimierend, ihnen zu erklären, dass ihr Sohn vor meinen Augen gestorben war.

Später war ich wieder allein mit meinem riesengroßen Schmerz, mit meinem Verlust, mit meinen zerplatzten Träumen. Und doch löste diese Zerrissenheit den Impuls aus, mich wenigstens einen kleinen Schritt auf Gott hin zu bewegen; auf den Gott zu, für den ich mich früher schon einmal entschieden hatte.

Während dieser ganzen Zeit und während all dieser Erlebnisse wusste ich, dass meine Eltern immer für mich beteten. Ich wollte Gott zwar davonlaufen, aber *er* ließ mich nie los. Er stellte mir immer wieder Menschen in den Weg, die mir von ihm erzählten.

Zum Nachdenken

Vielleicht bist du total enttäuscht, weil dein Sohn oder deine Tochter nicht mit Gott unterwegs ist. Es gab vielleicht einmal in der Kindheit oder Teenager-Zeit einen Anfang, aber dann wurde alles zugeschüttet.

Gib nicht auf! Bete für dein Kind, rede mit Gott über deinen Sohn, deine Tochter. Aber versuch nicht, dem Kind den Glauben mit dem Trichter einzuflößen, auf es einzutrommeln oder mit Verboten und Vorwürfen zu manipulieren. Es gibt eine Zeit, in der man seine Kinder loslassen und Gott anbefehlen muss. Meine Eltern haben gebetet, und mein Gott hat mich nie losgelassen. Ich war auf der Flucht vor ihm, wollte ihn abschütteln, wollte alles erleben. Aber mein Gott ist mir auf den Fersen geblieben. Immer wieder in diesen Jahren habe ich erlebt, wie mein Gott an meine Herzenstüre geklopft hat. Und er hat mir Menschen zur Seite gestellt, die mir von seiner Gegenwart und seiner Realität erzählt haben.

Kapitel 3
So möchte ich auch alt werden

An meinen freien Tagen findet man mich oft in einem kleinen Nest im Toggenburg. Ein paar Häuser, eine Kirche und eine wunderbare Gegend erinnern mich an meine frühe Kindheit.

Ich wurde im Toggenburg als jüngstes von drei Kindern geboren. Schon bald wechselte mein Vater in ein Pfarramt in einem kleinen Dorf im Kanton Glarus. Dort, im großen Pfarrhaus mit dem riesigen Dachboden, den wir selber in ein Spielparadies verwandelten, verbrachte ich meine ersten Kindertage.

Mein Vater war kein «Macher.» Vieles in seinem Leben hatte mit Schwäche zu tun, und auch gemeinsam durchlebten meine Eltern viele Schwierigkeiten. Während seines ganzen Lebens litt mein Vater unter starken Depressionen. Ein Arzt verschrieb ihm zwar Medikamente – vielleicht war es aber eher ein Ausprobieren der richtigen Medikation und Dosis, denn die Entwicklung von Antidepressiva steckte noch sehr in den Kinderschuhen.

Immer wieder sah ich meinen Vater vor mir, gefangen in seinen Depressionen und umgeben von tiefer Hoffnungslosigkeit. Manchmal wechselte es ganz plötzlich ins Gegenteil. Plötzlich wich die Traurigkeit einer grenzenlosen Euphorie und unkontrollierter Selbstüberschätzung. Ich hatte keine Ahnung, was mit meinem Vater los war, aber ich empfand sehr tief in mir drinnen, wie sehr mein Vater, aber auch der Rest der Familie, unter den Folgen der Krankheit litt.

Die depressiven Phasen traten meistens dann ein, wenn die beruflichen Belastungen zu groß und zu intensiv waren.

Manchmal war mein Vater dermaßen verzweifelt, dass es für ihn nur noch einen Ausweg gab. Er lief einfach von daheim weg, sagte weder unserer Mutter noch uns Kindern ein Wort – er war einfach weg. Von einem Moment auf den anderen.

Ich erinnere mich an eine Nacht, in der es wieder einmal so weit war. Vati war wieder nicht nach Hause gekommen. In meiner Einsamkeit schlüpfte ich zu meiner Mutter und meinen Geschwistern ins Bett und suchte Trost. Bis heute habe ich den Geruch vom Bett meiner Eltern in der Nase. Verunsichert und traurig lagen wir bei meiner Mutter. Wir fragten uns, ob wir Vati je wiedersehen würden. In diese Verzweiflung hinein sagte unsere Mutter langsam: «Kommt, lasst uns beten.»

Immer wieder überfordert

Dieser einfache Glaube meiner Mutter hat mich tief bewegt. In diesen schwierigen Zeiten sprach sie jeweils unter Tränen ein schlichtes Gebet. Dabei spürte doch auch sie diese Angst, diese Ausweglosigkeit. Sie sah, dass sie nichts für ihren Mann und unseren Vater tun konnte – und trotzdem hielt sie fest an diesem einfachen Gebet.

Auch finanziell waren wir als ganze Familie sehr eingeschränkt. Mein Vater verdiente wenig Geld. Mir war durchaus bewusst, dass wir zu den Ärmeren im Dorf gehörten.

Einige Jahre später zogen wir dann nach Winterthur. Ich war damals in der ersten Klasse. Meine Eltern arbeiteten in jener Zeit in der Telefon-Seelsorge, für «Die Dargebotene Hand». Sie waren wesentlich daran beteiligt, diese Arbeit in Winterthur und der Umgebung aufzubauen. Aber auch an diesem Ort wurde Vati immer wieder von Depressionen heimgesucht. Häufig musste meine Mutter seinen Teil der Arbeit übernehmen.

In jener Zeit bekamen wir oft Besuch von zwei Freunden meines Vaters. Jedes Mal, wenn sie kamen, spürte ich, dass etwas Ungutes in unser Haus kam. Es waren gläubige, übereifrige Männer aus freikirchlichem Umfeld. Diese Herren redeten immer lebhaft auf meinen Vater ein. Sie bedrängten ihn und versuchten ihm einzureden, dass sie aus ihm einen großen, erfolgreichen Pfarrer machen könnten. Schon damals, als kleiner Bub, wusste ich, dass mein Vater das nicht schaffen würde. Wenn ich diese Gespräche durch den offenen Spalt meiner Zimmertüre mitbekam, weinte ich hinterher viel in meinem Bett und dachte: «Jetzt wollen sie meinen Vater schon wieder überfordern.»

Meine Eltern hatten aber noch viele weitere Kämpfe. Ihre Ehe war immer wieder stark unter Druck; wie sehr, realisierte ich erst später. Ich hatte mir so sehnlich starke Eltern gewünscht. Aber in all dem Versagen, in all diesen Schwächen habe ich meine Eltern als Menschen erlebt, die nie aufgegeben haben. Nie! Auch wenn das Leben noch so voller Schwierigkeiten und schier unüberwindbarer Hindernisse war, sie haben sich an ihrem Gott festgeklammert.

Es ist nichts verloren

Diese Erfahrungen haben mich sehr stark geprägt und mir geholfen. Ich wusste, ich muss nicht stark sein, um zu überleben. Aber ich wusste auch, dass ich es nie aufgeben durfte, an meinem Glauben festzuhalten. Meine Eltern waren oft kurz davor, angesichts der Härten des Lebens zu verzweifeln. Aber ihr Glaube hielt sie fest. Und so sind sie mir, trotz ihrer Schwächen, zu Vorbildern geworden. Und sind es bis heute geblieben. Wer sich im Gebet an Gott festklammert, kann auch in der Niederlage zum Sieger werden. Gerade in Augenblicken, in denen alles sinnlos erscheint, wird dem Glaubenden bewusst, dass mit Gott an der Seite noch längst nichts verloren ist.

In der Zwischenzeit ist meine Mutter gestorben, mein Vater wird bald neunzig.

Ihr Leben hat mich tief beeindruckt. Die Bibel weist uns darauf hin, auf das *Ende* der Menschen zu sehen. Auch wenn meine Eltern in ihrem Leben keine Vorzeige-Menschen waren, so kann ich heute von ganzem Herzen sagen, dass ich unerhört stolz bin auf sie, weil ich sehe, wie ihr Glaube triumphierte. Ich habe miterlebt, wie liebevoll sie im hohen Alter miteinander umgegangen sind. Ich sehe, wie mein Vater in seiner Bescheidenheit und Demut einen unerhört tiefen, lebendigen Glauben lebt und heute für viele Menschen ein Vorbild ist. Ganz einfach, nicht pompös, nicht laut, nicht mit vielen Worten. Nein, ganz bescheiden, demütig und ungeheuer stark.

Vor ein paar Monaten lud ich meinen Vater zu einem Interview in einen meiner Gottesdienste ein. Hier, vor über achthundert erwachsenen Zuhörern, sprach mein Vater in einer großen Demut und Bescheidenheit, aber gleichzeitig mit einer großen Kraft. Viele waren von seinen Worten tief bewegt, berührt von dem, was er ausstrahlte.

Wenn es ein Leben gibt, über das ich sagen kann: Es lohnt sich, durch Kämpfe zu gehen; es lohnt sich, nicht aufzugeben; es lohnt sich, immer wieder Gottes Nähe zu suchen – dann ist das bestimmt das Leben meiner Eltern. Heute bin ich stolz auf sie, weil sie mich gelehrt haben, in aller Schwachheit nicht zu verzweifeln, nicht aufzugeben, sondern daran festzuhalten. Ich bin stolz auf sie, weil ich sehe, wie sie seit etlichen Jahren für Menschen mitunter ein Vorbild sind. Und heute erst realisiere ich, wie vielen

Hilfesuchenden meine Eltern in der verborgenen Seelsorge beigestanden haben.

Gerne erinnere ich mich an eine kleine Episode aus meiner Kindheit. Als ich größer wurde und eine biblische Frage hatte, ging ich zu meinem Vater und fragte ihn, wie er das sah. Er holte mich dann in sein Studierzimmer, zeigte mir am Beispiel verschiedener Bibelstellen, warum er was wie sieht. Und genauso klar zeigte er mir aber auch, warum andere Menschen die gleichen Bibelstellen anders interpretierten.

Und dann hat er mich mit diesen verschiedenen Meinungen oder Ansichten zu Grenzfragen in der Bibel wieder entlassen. Er zwang mir nie seine eigene Meinung auf. Er sagte, dass unser Wissen nur aus «Bruchstücken» besteht. Seine große Demut und seine ganze Art haben mich immer wieder tief bewegt.

Auch die Art und Weise, in der meine Eltern gebetet haben, hat mich unheimlich beeindruckt. Das waren keine langen und wohlformulierten Gebete. Ihre Gebete waren kurz und schlicht. Sie wussten, dass der Vater im Himmel sie gehört hat.

Ich bin einfach glücklich über meine Eltern. Sie sind für mich große Vorbilder geworden, und heute sage ich manchmal zu mir selber: «So möchte ich auch alt werden.» Und viele andere haben das auch gesagt.

Ich staune, dass ein Leben, das voller Kämpfe, Unsicherheiten und Schwächen war, so enden kann, so dass auch andere bewundernd sagen: «So möchte ich im Alter werden.»

Zum Nachdenken

Eltern müssen für ihre Kinder nicht unbedingt «starke» Eltern sein. Väter und Mütter müssen keine «Supermen» und «Supergirls» sein. Niemand muss vorgeben, das Leben locker zu meistern und voll im Griff zu haben. Viel wichtiger sind Eltern, die ehrlich und transparent sind. Eltern, die zu sich mit all ihren Stärken und Schwächen stehen können. Wichtiger als starke Eltern sind solche, die vorleben, dass man auch in ausweglosen Situationen am Glauben an Gott festhalten kann. Eltern also, die nicht aufgeben und miteinander und mit Gott Wege finden, um gemeinsam weiterzugehen.

Kapitel 4
Gott gibt Chancen – aber nutzen müssen wir sie selber

Nach acht Schuljahren zog ich in die französischsprachige Schweiz und begann eine Ausbildung als Landwirt. Irgendwie erstaunlich, schließlich kam ich aus einer Pfarrfamilie! Doch während meiner ganzen Schulzeit verbrachte ich meine Ferien jeweils entweder in einem Pfadfinderlager oder auf einem Bauernhof. Ich mochte diese Arbeit und liebte es, so richtig anzupacken. Außerdem faszinierte mich der Umgang mit Tieren. Und: Ich war endlich weg von der Schule!

Aber meine Illusionen, die ich mir durch meine Ferienerlebnisse aufgebaut hatte, zerplatzten schon bald. Genau genommen nach acht Monaten. Während dieser Zeit erlebte ich meine physischen und psychischen Grenzen sehr deutlich. In der Landwirtschaftsschule war ich der Einzige, der nicht aus einer Bauernfamilie kam. Mit meinem Wissen begann ich also mehr oder weniger bei null. Zudem war ich einfach ungeschickt.

Ich erinnere mich noch an eine Situation, als mein Chef mir sagte, ich solle den Traktor in die Garage fahren. Stolz setzte ich mich auf den Traktor und ließ den Motor an. Vorne in der Garage stand ein völlig neuer Düngerstreuer. Ich fuhr also in diese Garage. Aber als traktortechnisches Greenhorn hatte ich keine Ahnung davon, dass man bei dieser Maschine zum Bremsen auch die Kupplung durchtreten musste. Ich drückte das Bremspedal wie ein Verrückter, aber der Traktor fuhr einfach weiter. Auf Französisch rief mir mein Chef «Kuppeln!» zu. Aber weil ich dieses Wort nicht verstand, fuhr ich trotz aller Bremsversuche einfach weiter und landete im Düngerstreuer.

Der Schaden war groß und kostete meinen Chef eine schöne Stange Geld. Jedenfalls ließ er mich lange nicht mehr auf den Traktor. Stattdessen musste ich unzählige von diesen schweren Düngersäcken auf meinem Rücken herumschleppen. Außerdem war ich oft tagelang alleine auf den Feldern und musste Steine zusammenlesen. So hatte ich mir das nicht vorgestellt. Auch die Arbeitszeiten waren für einen heranwachsenden Jugendlichen, der ich ja immer noch war, viel zu lang.

Während der Woche arbeitete ich jeden Tag vierzehn Stunden, am Wochenende waren es acht. Sonntags war ich ganz alleine für vierzig Kühe verantwortlich, während mein Chef im Bett lag. In diesen acht Monaten hatte ich gerade mal an zwei Sonntagen frei. Neben dieser harten Arbeit kam es am Schluss auch zu Streitereien mit meinem Chef.

Und irgendwann hatte ich einfach genug, ich konnte nicht mehr. Und so haute ich eines Nachts einfach ab. Ich packte meine Sachen zusammen und legte dem Chef einen Zettel hin, auf dem ich kurz und bündig schrieb: «Je suis parti, Jean» – «Ich bin gegangen, Johannes».

Ich ging dann am nächsten Morgen zu den Verantwortlichen für die Lehrlingsausbildung in Lausanne und erzählte dort, wie mein Chef mit mir umging und wie er mich ausnutzte. Ich stieß auf Verständnis, und sie wollten mir eine andere Ausbildungsstelle anbieten, aber ich mochte nicht mehr. Die Lust am Bauernberuf war mir gründlich vergangen.

Meine Eltern waren zu jenem Zeitpunkt enorm wichtig für mich. Ich konnte wieder bei ihnen wohnen, sie standen wie früher hinter mir. Natürlich musste ich mir einen Job suchen. Und so arbeitete ich eine Zeitlang am Fließband in einer Milch-Abfüllung. Ich nahm fertige Milch-Packungen vom Fließband, legte diese in entsprechende Behälter und fuhr die vollen Paletten dann in den Kühlraum.

Diese Arbeit war für mich eine gute Erfahrung, denn sie forderte von mir viel Disziplin. Das Fließband stand nie still, ich musste das Tempo also voll durchhalten. Wollte ich auf die Toilette, musste ich jemanden rufen, der in dieser Zeit die Arbeit für mich machte. Irgendwie erlebte ich hier, dass es gut war, eindeutige Grenzen zu haben und eine klar definierte Leistung erbringen zu müssen.

Anschließend ließ ich mich zum Briefträger ausbilden. Das war eine einjährige Lehre – die erste und einzige, die ich bis heute abgeschlossen habe.

Eine Frisur wie Mozart

Zu jener Zeit trug ich lange Haare, sie reichten mir bis auf die Schultern. Ein absolutes Muss, war das doch die Zeit der Beatles, Rolling Stones und Bee Gees. Ich erinnere mich noch gut daran, wie ich da in meiner Briefträgeruniform in Effretikon auf dem Bahnhof stand. Meine langen Haare schauten unter der Mütze hervor. Das muss irgendwie schon ulkig ausgesehen haben. Plötzlich kam ein Mann auf mich zu und brüllte mich an: «Sie langhaariger Sauhund!» Ich war wie vor den Kopf gestoßen. Ein Mann stand in der Nähe und hörte die Worte. Er ging auf den anderen Mann zu und fragte ihn:

«Was hören Sie für Musik?»

Dieser antwortete: «Beethoven, Mozart.»

«Und wissen Sie, was für Haare diese Komponisten trugen? Auch so lange wie dieser junge Briefträger! Lassen Sie ihn einfach in Ruhe!»

Ich war beeindruckt. Da zeigte jemand Zivilcourage, und das zu meinen Gunsten.

Die Ausbildung zum Briefträger lief so weit gut, mal abgesehen davon, dass ab und zu mein Fahrrad mit der ganzen Post im Regen oder im Schneematsch umkippte. Zudem war ich schnell, fast zu schnell. Ich war meistens schon vor allen anderen von der Tour zurück. Als «Belohnung» musste ich dann jeweils die Fahrräder der ausgelernten Postboten reinigen.

Meine Lehre beendete ich mit einem Notendurchschnitt von 5,6. Gut genug, um dieses Ausbildungskapitel zu beenden und mich nach einem neuen Job umzusehen. Ich jobbte eine Weile als Bote an ganz verschiedenen Orten und bewarb mich dann in Winterthur als Sportartikel-Verkäufer.

Diese Arbeit gefiel mir. Ich war dann vier Jahre als Sportartikel-Verkäufer tätig und merkte bald, dass mich die Welt des Verkaufs interessierte. Wenn nach Arbeitsschluss alle meine Kollegen den Laden verließen, wartete ich, bis mein Chef die Kasse abgerechnet hatte. Ich wollte unbedingt wissen, wie hoch der Umsatz war und wie wir im Vergleich zum Vorjahr standen. Plötzlich hatte ich eine Leidenschaft entdeckt. Als Verkäufer war ich immer in Kontakt mit Menschen, ich blühte richtiggehend auf.

Nicht mehr länger «Johannes, der Versager»

In jener Zeit erinnerte ich mich auch an meine frühere Hinwendung zu Jesus im Welschland. Allerdings war damals die Motivation mehr als fragwürdig gewesen. Ich hatte mich dort nicht nach einer Beziehung zu Jesus gesehnt, ich hatte einfach keine Lust gehabt, in die Hölle zu kommen.

Doch dieses Mal, rund sieben Jahre später, war es anders. Mit meiner erneuten Entscheidung wollte ich meinem Gott dienen, egal, was auf mich zukommen sollte. Von diesem Augenblick an wurde Matthäus 6, Vers 33, zu meinem Lebensmotto: «Gebt nur Gott und seiner Sache den ersten Platz in eurem Leben, so wird er euch alles geben, was ihr nötig habt.»

Ich habe in meinem Leben vieles falsch gemacht, und ich weiß auch, dass ich viele fehlerhafte Seiten an mir habe. Aber an diesem Vers mit seiner ganzen Bedeutung habe ich festgehalten. Ich war damals zweiundzwanzig. Bis heute liebe ich diese Zusage Gottes mitsamt der Herausforderung, die damit verbunden ist. Während all dieser Jahre habe ich versucht, mein Bestes zu geben und Gott und seiner Sache mit meinem ganzen Leben zu dienen. Dabei habe ich immer wieder erlebt, dass er für mich da ist, dass er zu mir steht und mich mit all dem versorgt, was ich brauche.

Die Hinwendung zu Jesus hatte Folgen. Ich merkte Schritt für Schritt, wie sich meine Persönlichkeit veränderte, wie ich in vielen Situationen und Herausforderungen gelöster reagierte. Mit der Zeit entdeckte ich meine Fähigkeiten und erhielt auch Möglichkeiten, diese einzusetzen. Je mehr ich meine Begabungen einsetzen konnte, umso geringer wurden meine Minderwertigkeitskomplexe. Gott hatte einen Heilungsprozess in mir begonnen, und ich nahm seine Hilfe gerne an.

Plötzlich war ich nicht mehr «Johannes, der Versager». Im Gegenteil – ich war auf Erfolgskurs. Fast alles, was ich in die Hände nahm, gelang mir. Ich war ein guter Verkäufer, und mein Chef fand mich sogar genial. Während dieser Zeit besuchte ich eine Abendhandelsschule.

Aber schon bald wollte ich mich beruflich wieder verändern. Ich habe mich auf ein Inserat einer Generalagentur für Versicherungen gemeldet. Diese suchten einen Sekretär für das Außendienstsekretariat. Der verantwortliche Leiter entschied sich für mich, obwohl ich erst ein halbes Jahr lang die Handelsschule besucht hatte. Meine Schreibmaschinenkenntnisse waren definitiv suboptimal, und auch sonst hatte ich nichts vorzuweisen, was mich für einen Bürojob qualifiziert hätte.

Trotz dieser schlechten Voraussetzungen bekam ich den Job. Mein Vorgesetzter stellte mich dann seinem Chef, dem Generalagenten, vor und sagte, dass er mich gerne einstellen würde. Doch der war überhaupt nicht begeistert von mir:

«Nein, diesen Mann stellen wir nicht ein, der kann das nicht!»

Aber der Außendienstsekretariatsleiter glaubte an mich und sagte: «Doch, ich will diesen jungen Mann. Ich weiß, dass in ihm ein großes Potenzial steckt!»

Er setzte sich durch, stellte mich ein, und ich hatte meine Chance. Dann kamen meine Kämpfe mit der Schreibmaschine. Die hatte definitiv etwas gegen mich. Eine richtige Zicke war das. Mein Chef diktierte mir jeweils die Briefe in die damals üblichen Diktiergeräte. Mein Chef formulierte gut, er war stilsicher. Aber ich und meine Schreibmaschine kamen damit nicht zurecht. Unzählige Male erhielt ich meine Briefe mit Korrekturen zurück, ich war der Verzweiflung nahe.

Die Jagd nach dem großen Geld

Oft arbeitete ich bis spät in die Nacht und kämpfte mit der Schreibmaschine und den Briefen. Hie und da kam der Generalagent vorbei. Er schaute dann in meinen Papierkorb und sah, wie viel Abfall ich produzierte. Er beschwerte sich, dass ich zu viel Papier verbrauchte. Von diesem Moment an nahm ich das Ausschusspapier immer in meiner Mappe nach Hause und warf es dort weg. Es war mühsam. Die deutsche Sprache mit ihren komplizierten Formulierungen und

Regeln, die Büroorganisation, alles war mir zu hoch – aber ich gab nicht auf.

Als Sekretariatsangestellter sah ich natürlich auch, wie gut die Mitarbeiter im Versicherungsverkauf verdienten. Sie konnten ihre Zeit selber einteilen und waren sozusagen ihr eigener Chef. Ich war damals gerade vierundzwanzig Jahre alt und überlegte mir, was ich hier eigentlich tat. Ich wollte sicher nicht mehr länger in einem Sekretariat herumsitzen und an der Beziehung zu meiner Schreibmaschine arbeiten. Die konnte mich mal kreuzweise! Ich wollte *auch* Versicherungen verkaufen! Ich ging also zu meinem Chef und sagte ihm, dass ich meine Zeit im Sekretariat beenden wolle und lieber Versicherungen verkaufen möchte. Er war überhaupt nicht begeistert.

«Sie sind mit Ihren vierundzwanzig Jahren viel zu jung für diese Arbeit. Dieser Job fordert viel Selbstdisziplin, man muss sich selber managen. Das braucht eine starke Persönlichkeit. Sie sind einfach zu jung, das geht nicht.»

Kurze Zeit später kam er zu mir und meinte: «In Ordnung, Herr Wirth. Sie könnten das, ganz gewiss, aber Sie wissen, dass Sie jeden Abend investieren müssen, um Versicherungen zu verkaufen. Es gibt keine privaten Abende mehr für Sie, wenn Sie erfolgreich sein möchten!»

Damit hatte ich nicht gerechnet. Ich erklärte ihm, dass das für mich nicht möglich sei. Ich erzählte ihm von meinen Prioritäten und dass ich in Uster jeden Montagabend in einem Gartenhäuschen einen Gottesdienst für ältere Leute leiten würde. Dann erzählte ich ihm noch von meiner Jugendgruppe und dass ich dafür jeden Samstag plus mindestens ein weiteres Mal unter der Woche besetzt war. Ich sagte ihm ganz klar, dass das meine Prioritäten seien und dass ich diese niemals aufgeben würde.

Nach diesen Erklärungen war für meinen Chef klar, dass er mir die Stelle nicht geben konnte.

«Okay, dann kündige ich», war meine Antwort.

Mein Chef dachte nochmals darüber nach und meinte dann: «Herr Wirth, ich habe mir nochmals gründlich Gedanken gemacht und bin bereit, dieses Risiko mit Ihnen einzugehen. Ich gebe Ihnen die Chance und wünsche Ihnen viel Erfolg im Verkaufsaußendienst.»

Und so bin ich dann also mit großem Zittern und noch größeren Erwartungen in diesen Außendienst eingetreten und habe Versicherungen verkauft. Ich habe dies mit sehr großem Erfolg getan und hatte bereits nach einem Jahr den höchsten Umsatz aller Außendienstmitarbeiter. Während dieser Zeit habe ich ganz praktisch erlebt, dass mein himmlischer Vater zu dem steht, was er verspricht. Manchmal konnte ich Versicherungen abschließen, ohne groß etwas geleistet zu haben. Manchmal riefen mich mir völlig unbekannte Menschen an und wollten ausdrücklich von *mir* beraten werden. Ich hatte keine Ahnung, wie diese Leute auf mich und an meine Adresse gekommen waren.

Alles lief genial, und gleichzeitig genoss ich diese große Freiheit. Allerdings gab es auch Rückschläge und Abstürze. Zum Beispiel dann, wenn wir Außendienstler jeweils am Montag zum Rapport zusammenkamen. Im Anschluss daran saßen wir oft die halbe Nacht zusammen, tranken Alkohol und pokerten um Geld. Es ging zwar nicht um das ganz große Geld, aber es war doch ein Glücksspiel, das mir immer mehr Mühe bereitete.

Der Sog war massiv, und wer weiß, was geschehen wäre, hätte Gott nicht auf mich aufgepasst. Aber Gott und ich waren damals doch bereits «ein starkes Team». Er gab mich nicht auf, und ich gab ihn nicht auf! Immer wieder erinnerte ich mich an mein Versprechen und war dann jeweils wirklich wieder bereit, zuerst ihm zu dienen und mein ganzes Leben unter seine Führung zu stellen.

Nach drei Jahren hatte ich genug und keine Lust mehr, Versicherungen zu verkaufen. Ich hatte zwar gut verdient und kassierte auch einige wirklich gute Superprovisionen. Ich sprach mit meinem Chef über meinen Wunsch. Ich wollte Schadeninspektor werden für Feuer, Einbruch, Diebstahl und Haftpflichtschäden. Mein Chef fiel aus allen Wolken und meinte, das ginge eigentlich nicht. Ein guter Verkäufer werde nie ein guter Schadenregulierer. Zudem war er überzeugt, dass sich die Direktion niemals auf so etwas einlassen würde.

Wieder einmal erklärte ich ihm, dass ich die Versicherungsgesellschaft verlassen würde, wenn das nicht möglich wäre. Ich hatte einfach keine Lust mehr, obwohl ich ja erfolgreich war. Es wurde für mich immer schwieriger, mich selber zu motivieren, bei all diesen Bekannten, aber auch bei fremden Menschen anzurufen und mich ihnen anzubiedern. Mein Chef sprach mit den Verantwortlichen, und es kam genau die Antwort, die er mir prophezeit hatte:

«Ein guter Verkäufer wurde noch nie ein guter Schadeninspektor. Und auch die Schulbildung von Herrn Wirth reicht niemals aus für diese Aufgabe. Er hat ja nur diese Abendhandelsschule absolviert. Nein, das geht nicht!»

Nach diesem Bescheid war für mich klar, dass ich kündige, und das habe ich meinem Vorgesetzten dann mitgeteilt. Doch ihm ließ diese Situation keine Ruhe. Er besprach alles nochmals mit der Direktion. Was er dort alles sagte, weiß ich nicht. Aber ich durfte die gewünschte Stelle schließlich doch antreten und konnte als Quereinsteiger in einem Beruf arbeiten, der für viele ein Traumberuf war: Schaden-inspektor.

Es war eine geniale Zeit. Ich liebte es, bei Feuer-, Wasser- oder Einbruchschäden gute Wege zur Schadenminderung zu finden und mit Kunden Verhandlungen über die Schaden-höhe zu führen.

Ich liebte diese Arbeit von ganzem Herzen. Es gab keinen Produktionsdruck mehr, und ich war ein angesehener Mann als Schadeninspektor. Es dauerte gar nicht lange, und ich wurde Chef der Schadenabteilung unserer Generalagentur. Ich hatte Sachbearbeiter, die meine Mitarbeiter waren, er-lebte eine maximale Freiheit und verdiente dabei auch noch sehr gut.

Wurde ich als Christ wahrgenommen?

Manchmal aber fragte ich mich, ob andere eigentlich etwas merkten von meiner Beziehung zu Jesus. Ich machte mir Ge-danken darüber, ob ich meinen Glauben spürbar lebte. Ich war mir nicht sicher und hatte oft den Eindruck, dass zu wenig von meinem Christsein zu sehen und zu spüren war. Allerdings «organisierte» dann Gott einige Erlebnisse, die mir halfen, zu meinem Glauben zu stehen.

In der Firma wussten längst nicht alle, dass ich ein frei-kirchlicher Christ war, ein «Stündeler». Es war die Zeit, in der man oft sogenannte «Straßeneinsätze» hatte. Das bedeu-tete dann jeweils, dass wir mit der Jugendgruppe ab und zu auf der Straße sangen und von unseren Erfahrungen mit Je-sus erzählten. An einem dieser Samstage sah mich der Big Boss unserer Generalagentur auf der Straße. Später ent-deckte mich auch noch ein Lehrling beim Singen.

Am Montag war dann schnell alles klar. Der Chef redete über meine «Bekehrungseinsätze» in den oberen Etagen, und der Lehrling übernahm die unteren Schichten. Somit wusste die ganze Firma: Der Wirth singt auf der Straße, der Wirth steht für seinen Jesus ein.

Viele Jahre später begegnete ich in Arosa in einem Restaurant einem Mann, der auf mich zukam und mir sagte:

«Johannes, kennst du mich noch? Ich war einmal einer deiner Lehrlinge. Damals hast du mir von deinem Glauben erzählt. Weißt du, ich gehöre jetzt auch dazu!»

Ich war dankbar für diese Begegnung. Gott zeigte mir, dass ich Menschen trotz all meinem Versagen gewisse Anregungen mitgegeben habe.

Später berichtete mir ein Freund von einem speziellen Treffen. Er saß, offenbar als Kunde, mit meinem Chef bei einem Geschäftsessen zusammen. Dieser habe ihm dabei Folgendes erzählt: Er habe einen Mitarbeiter, der loyal, gradlinig, treu und fachlich gut sei; einen, den er sehr schätze. Nur ein Problem gebe es. Wenn jeweils der gesamte Kader bei einem gemeinsamen Essen sei, würden auch ab und zu Witze aus den unteren Schubladen erzählt. Aber jedes Mal, wenn er als Chef diesbezüglich loslegen wolle, schaue dieser Mitarbeiter ihn mit einem traurigen Blick an. Das sei für ihn so seltsam, dass er den Witz gar nicht mehr zu Ende erzählen könne. Sonst sei dieser Mitarbeiter einer, der auch so richtig feiern könne. Aber bei schmutzigen Witzen werde er immer so traurig …

All das war mir nie bewusst, und ich bin dankbar, dass ich es trotz der Fehler und Schwächen schaffte, an meinem Arbeitsplatz zu meinem Jesus und zu meinem Glauben zu stehen. Und dank Gottes Hilfe konnte ich während meiner Versicherungskarriere zu meinem Lebensmotto stehen: «Gebt nur Gott und seiner Sache den ersten Platz in eurem Leben, so wird er euch alles geben, was ihr nötig habt.»

Zum Nachdenken

Fühlst du dich manchmal auch zerrissen zwischen den beruflichen Anforderungen und dem, was es bedeutet, klar Jesus nachzufolgen? Es gibt sogar Momente, in denen ein Arbeitgeber von uns erwartet, dass wir bereit sind, für den Erfolg krumme Wege einzuschlagen. Auch in solchen Situationen lohnt es sich, Gott und seinem Reich den ersten Platz zu geben. Glaube daran, dass Gott dir die Hilfe gibt, die du brauchst, wenn du ihm treu bleibst. Widerstehe den Versuchungen von Korruption und Lügen. Setze dein «jesusmäßiges» Leben auch in deinem Beruf um. Es lohnt sich, weil du dadurch ganz nahe am Herzen Gottes bist.

Kapitel 5
Frühe Heirat – und dann die Ehehölle

Meine Frau und ich lernten uns beim Tanzen kennen. Mit sechzehn Jahren waren wir noch sehr jung für diese Freundschaft, und so trennten wir uns eineinhalb Jahre später wieder. Vor allem ich war der Meinung, dass es sicher noch bessere Frauen gebe. Und so ging ich los und hatte einige kurze Freundschaften hintereinander.

Mit der Zeit merkte ich aber, dass für mich Erika doch die Beste war, und schrieb ihr. Ich hoffte, wieder zu ihr zurückkehren zu können. Erika war großzügig, und so begann unsere Freundschaft zum zweiten Mal. Nach einer Weile war dann allerdings Erika der Meinung, dass das nicht gut komme mit mir, und wir trennten uns wieder. Ganz nach dem Motto «Aller guten Dinge sind drei» erneuerten wir einige Monate später unsere Beziehung zum dritten Mal.

Es war eigenartig. Von Anfang an war unsere Beziehung geprägt von vielen persönlichen Schwierigkeiten. Mit der Zeit dachten wir, dass sich diese Probleme lösen würden, wenn wir verlobt wären. Erika war sehr eifersüchtig, und wir dachten, dass sie sich viel sicherer fühlen würde, wenn wir uns verlobten. Und naiv, wie wir waren, glaubten wir, dass diese Probleme völlig weg wären, wenn wir dann erst mal verheiratet wären. Wir waren nicht bereit, unseren echten Problemen ins Auge zu sehen. Wir schoben das immer von uns weg und waren der Meinung, dass sich das dann schon irgendwie lösen würde.

Wir verlobten uns mit knapp zwanzig, kurz bevor ich in den Militärdienst ging. Ein halbes Jahr nach Abschluss der Rekrutenschule heirateten wir dann. Den ersten deftigen

Ehestreit hatten wir bereits im Hochzeitsbus. Ich weiß noch, wie wir in Winterthur durch die Wülflingerstraße fuhren. Ich schaute aus dem Fenster hinaus, und plötzlich sagte meine Frau:

«Was hast du jetzt wieder gesehen an dieser Bushaltestelle? Das war doch eine Frau. War sie hübscher als ich? Sag es gleich, dann können wir gleich – und überhaupt! …»

Es gab einen Riesenstreit mitten in diesem Hochzeitsbus und mitten unter den geladenen Gästen.

Nach unserer Hochzeit flogen wir in die Flitterwochen nach Mallorca. Diese Ferien wurden zum absoluten Horrortrip. Die Eifersuchtsszenen nahmen ihren Lauf. Ständig machte mir meine Frau Vorwürfe. Egal, ob wir am Strand entlangspazierten oder ob wir im Hotel unser Abendessen einnahmen, immer wieder sagte sie:

«Warum siehst du diese Frau an? Was ist an dieser Frau besser? Geh doch zu ihr, wenn du willst! Du liebst mich ja gar nicht! Ich bin sowieso nicht gut genug!»

Die Eifersucht wurde unerträglich

Diese Eifersuchtsszenen zogen sich dann bis in den Alltag hinein. Wir wohnten zu jener Zeit in Effretikon. Wenn ich von meiner Arbeit nach Hause kam, erlebte ich oft ein regelrechtes Verhör durch meine Frau:

«Mit wem hast du gegessen? Mit wem hast du im Geschäft Kaffee getrunken? Mit wem hast du geredet? Wen hast du getroffen?»

Ständig stand diese Eifersucht zwischen uns. Immer wieder kam es zum Streit, wir schrien einander an. Ich ertrug diese Spannung, diese Vorwürfe nicht mehr. Ich flüchtete ins Zimmer und schlug hinter mir die Türe zu. Oder ich flüchtete hinaus ins Freie. Wir warfen uns Gegenstände an den Kopf. Wir haben uns stundenlange Eifersuchtsgefechte geliefert. Ich versuchte dabei meine Frau immer wieder zu beruhigen, indem ich ihr sagte:

«Nein, nein. Du bist für mich die Beste! Da war nichts, wirklich absolut nichts!»

Aber je mehr ich ihr erklärte, umso weniger glaubte sie mir.

«Ja, ja erzähl du nur. Du willst dich ja nur herausreden. Du willst dich ja nur erklären. Siehst du, da ist eben doch etwas Wahres dran!»

Mit der Zeit wurde ich bei diesen Diskussionen tatsächlich etwas seltsam. Ich wusste einfach nicht, wie ich mich verhalten sollte. Darauf sagte sie:

«Warum bist du so komisch? Da war doch sicher etwas mit dieser Frau!»

Es war kaum zum Aushalten. Wenn wir in einer Einkaufsstraße spazieren gingen, dauerte es keine fünf Minuten, und meine Frau war schon wieder eifersüchtig.

«Jetzt hast du eine Frau angesehen! Was war an ihr besser als an mir? Sag es doch endlich!»

Ich war dann jeweils irritiert und schaute sicherheitshalber nur noch auf den Boden. Einfach damit ich niemanden mehr anschauen konnte. Doch auch das war nicht recht.

«Siehst du, du musst auf den Boden schauen, weil andere Frauen begehrenswerter sind als ich.»

Wir gingen dann zusammen zu einem Eheberater und hofften, dass er uns helfen könne. Nach einigen Sitzungen sagte er zu uns:

«Es tut mir leid. Ich kann euch nicht helfen. Ihr seid zu unterschiedlich. Das Beste wäre wohl eine Scheidung.»

Wir bekamen dann von meinen Eltern noch die Adresse einer Psychiaterin und ließen uns auch dort beraten. Wir besprachen vieles, und doch erhielten wir zum Schluss die Analyse:

«Ich kann euch nicht helfen. Die Eifersucht ist zu stark. Am besten ist wohl, wenn ihr euch trennt.»

Während dieser Zeit waren mir meine Schwester und ihr Mann eine große Hilfe. Da sie zu jener Zeit in Winterthur wohnten, konnte ich immer zu ihnen «flüchten», wenn ich es gar nicht mehr aushielt. Ich vertraute mich ihnen an, und sie halfen mir mindestens so weit, dass ich es irgendwie schaffte, trotz allem in dieser Ehe zu bleiben.

Die Eifersucht trieb meine Frau in die Arme von Jesus

Während dieser Zeit besuchten wir oft die katholische Kirche. Das bedeutete aber nicht, dass wir richtig mit Jesus unterwegs waren. Meine Frau war katholisch, sie kannte das Glaubensbekenntnis, sie beichtete, sie nahm die Kommunion, aber eine persönliche Beziehung zu Gott hatte sie nicht. Und meine Beziehung zu Jesus war in jener Zeit sehr oberflächlich.

In dieser Phase rief mich mein Bruder jeden Sonntag an und lud mich zum Gottesdienst ein. Aber ich hatte keine Lust und erfand jede Woche eine Ausrede. Es gab immer irgendeinen Grund, warum es gerade wieder nicht möglich war. Irgendwann aber ging mir mein Bruder so richtig auf die Nerven. Irgendwie sind mir mit der Zeit auch die allerletzten Ausreden ausgegangen, und so dachte ich: *Gut. Dann gehe ich mal hin, und dann gibt er vielleicht endlich Ruhe und hört auf, uns dauernd so zu bedrängen.*

So ging ich mit meinem Bruder in die Kirche, in die gleiche Gemeinde übrigens, die ich heute als Pastor leite. Zu dieser Zeit waren wir etwa zweieinhalb Jahre verheiratet, und unsere Ehe war der reinste Scherbenhaufen. Ich hörte die Predigt, und sie erinnerte mich daran, dass ich mich als 15-Jähriger einmal für Jesus entschieden hatte. Damals allerdings nur aus Angst, sonst in der Hölle zu landen.

Nach dieser Predigt entschloss ich mich, diese Entscheidung zu erneuern. Aber dieses Mal war Hoffnung die Motivation. Ich spürte, wenn sich in unserer Ehe, in unserer Beziehung noch irgendetwas zum Guten wenden sollte, dann nur mit der Hilfe von Jesus. Ich war bereit, diesem Jesus ein ganzes Leben lang zu dienen. Mir wurde klar, dass ich alles daransetzen wollte, mit diesem Gott zu leben. Ich sagte daher zu Jesus:

«Egal, an welchem Ort, egal, an welchem Platz: Ich will dir dienen. Aber du kümmerst dich um meine Ehe!»

Ich kam dann nach Hause und erzählte meiner Frau, was passiert war. Aber nun wurden unsere Probleme nur noch größer. Erika meinte dann nur noch:

«Siehst du, jetzt gehst du in dein Zimmer, betest und liest in der Bibel. Dabei geht es uns völlig beschissen.»

Trotzdem besuchte ich weiterhin den Gottesdienst und hoffte, dass Jesus uns helfen würde.

Irgendwann musste ich dann für einige Wochen zum Militärdienst. Während dieser Zeit wurde der Leidensdruck für meine Frau so hoch, dass sie mit einem der GvC-Reisepastoren, Paul Vollenweider, Kontakt aufnahm und mit ihm ein Gespräch vereinbarte.

Das Unerwartete traf ein. Sie entschied sich, ihr Leben Jesus anzuvertrauen. Diese Entscheidung war für uns zwei enorm wichtig. Natürlich war es nicht so, dass unsere Ehe ganz plötzlich perfekt und harmonisch war. Nein, ganz und gar nicht. Aber wir hatten nun ein neue, eine gemeinsame Grundlage, und diese hieß Jesus, Glaube und Vergebung.

Wenn wir jetzt wieder am Streiten waren, konnten wir einander hinterher vergeben. Das war eine völlig neue Entdeckung. Es passierten immer noch viele Verletzungen. Und es dauerte lange, bis wir gemeinsam Heilung erlebten. Doch zusammen fanden wir heraus, wie ich meiner Frau helfen konnte in ihrer Eifersucht.

Bis dorthin hatte ich immer zu argumentieren begonnen, wenn es wieder einmal zu Eifersuchtsszenen kam. Ich versuchte dann jeweils, mich zu erklären. Aber mit diesen Erklärungen, mit diesem Debattieren und Diskutieren war es, als ob ich damit ihre Eifersucht sogar noch nährte. Fast so, als ob man einem Rauschgiftsüchtigen wieder Rauschgift gibt. Damit wir einen Weg aus diesem Dilemma fanden, trafen wir eine Vereinbarung.

«Erika, wenn du mir wieder Fragen stellst wie: ‹Was war da an dieser Frau? Was hast du getan? War sie schöner als die andere?›, dann erläutere ich dir in einem Satz meine Erklärung. Und dann ist Schluss. Du darfst nicht zurückfragen. Ich diskutiere nicht. Ich gehe in einen anderen Raum, bis du dich beruhigt hast.»

Zu Beginn war diese Abmachung alles andere als einfach. Es gab zusätzliche Spannungen, aber gerade in diesen Spannungen fingen wir an, einander langsam zu verstehen. Meine Frau begann langsam aber sicher gesund zu werden. Heute können wir zurückschauen und sagen: Die Eifersucht ist verschwunden. Wäre das nicht so, könnte ich heute unmöglich als Pastor arbeiten. Denn in diesem Beruf arbeitet man nun mal mit vielen Frauen zusammen.

Rückblickend bin ich enorm dankbar, dass wir nie aufgegeben und stattdessen an unserer Ehe festgehalten haben. Obwohl diese Ehe oft wie eine Hölle war und mich und uns fast zerstört hätte.

Zum Nachdenken

Gib deine Ehe nicht auf. Auch wenn du glaubst, dass die Schwierigkeiten fast nicht mehr auszuhalten sind. Kämpfe um deine Ehe. Damit das gelingt, gilt es, den Notausgang «Scheidung» zu schließen.

Sehr oft nistet sich der Gedanke ein: «Nun denn, wenn es partout nicht geht, können wir uns ja immer noch scheiden lassen.»

Ich wünsche dir, dass du dich vielleicht ganz neu zu einem hundertprozentigen Ehe-Ja durchringen kannst. Damit ihr gemeinsam wieder den Mut habt, durch dick und dünn zu gehen. Denn so (und vielleicht nur so) hat eure Ehe auch in sehr schwierigen Zeiten eine echte, neue Chance.

Kapitel 6
Ehehölle aus weiblicher Sicht
Von Erika Wirth

Johannes und ich erlebten bereits während unserer vierjährigen Freundschaft ein bewegtes Auf und Ab. Wir trennten uns, kamen wieder zusammen, und irgendwie glaubten wir beide, es gäbe noch bessere und hübschere Frauen und Männer. Trotzdem heirateten wir dann doch. Aber von Anfang an stand meine krankhafte Eifersucht zwischen uns.

Die Hochzeit und die Flitterwochen wurden zum Desaster. Am liebsten hätten wir unsere Hochzeitsreise abgebrochen und wären wieder zurück nach Hause geflogen. Aber da wir so spontan keinen Rückflug buchen konnten, mussten wir halt bleiben. Nach den Flitterwochen flogen die Fetzen weiter.

Es war wirklich schlimm. Manchmal waren unsere Streitereien so laut, dass wir uns schämten, unsere Wohnung zu verlassen. Wir hatten Angst, den Nachbarn zu begegnen. Was diese wohl über uns dachten? Trotzdem bekam ich meine Eifersucht nicht in den Griff, sie war stärker als das Schamgefühl. Wenn Johannes von der Arbeit nach Hause kam, wollte ich alles ganz genau von ihm wissen.

«Nun, mit wem warst du heute Kaffee trinken?»

Darauf antwortete er: «Der war dabei und jener. Und jene war auch dabei.»

«Ja, warum musste sie denn auch dabei sein?»

Seine Erklärung war: «Man geht halt zusammen in die Kaffeepause. Das macht man einfach so. Da ist doch nichts dabei!»

Darauf beruhigte ich mich für einen Augenblick. Aber nur, um bei der nächstbesten Gelegenheit wieder darauf zurückzukommen.

Egal, wo wir waren, egal, was wir taten: Immer fühlte ich mich durch die anderen Frauen bedroht. Ich konnte einfach nicht glauben, dass es normal war, mit einer Frau Kaffee zu trinken oder sich mit ihr am Arbeitsplatz zu unterhalten.

Bei unseren lautstarken Streitereien warfen wir uns nicht nur Worte an den Kopf. Es kam durchaus auch vor, dass wir mit Gegenständen um uns schmissen. Es war so hoffnungslos. Wir haben oft bis spät in die Nacht hinein miteinander diskutiert.

Johannes versuchte dabei immer wieder, mich zu beruhigen: «Du musst nicht eifersüchtig sein. Ich wollte doch nur dich. Ich habe *dich* geheiratet. Ich will gar keine andere Frau!»

Er nahm Situationen auseinander und versuchte zu schildern, warum er wo gewesen war. Kurzfristig half dies jeweils, aber bei der nächsten Gelegenheit rastete ich wieder völlig aus. Ich konnte mir nicht helfen; ich sah keine Möglichkeit, mich anders zu verhalten. Diese Eifersucht war ungeheuer dominant in mir, sie war *meine* Wahrheit.

Der Morgen nach einer solchen Eskalation war immer schlimm. Wir standen auf und machten uns mit kleinen Augen auf den Weg zur Arbeit. Unsere Eheprobleme behielten wir für uns. Wir wollten mit niemandem darüber sprechen. Wir hätten uns geschämt, zugeben zu müssen, so kurz nach unserer Hochzeit schon in solchen Schwierigkeiten zu stecken.

Mein Mann trieb mich zur Weißglut

Johannes ging oft zu seiner Schwester und zu seinem Bruder. Gemeinsam beteten sie für uns und unsere Nöte. Dies erfuhr ich allerdings erst später. Wir gingen zusammen in die Eheberatung, was nicht viel brachte. Später ging ich alleine; ich wollte herausfinden, woher diese Probleme kamen. Ich spürte natürlich, dass mein Verhalten nicht normal war. Aber ich konnte einfach nicht anders.

Während dieser Zeit lernte Johannes durch seinen Bruder Martin eine christliche Gemeinde kennen. Dort erlebte er eine erneute und bewusste Entscheidung für Jesus. Bis dahin waren wir ja gemeinsam in die katholische Kirche gegangen. Aber von da an wollte er nur noch den andern Gottesdienst besuchen. Ich merkte, dass er sich veränderte. Oft zog er sich in unserer Wohnung zurück und betete viel. Das trieb mich zur Weißglut. Johannes lieferte mir damit noch einmal einen Grund mehr, eifersüchtig zu sein.

Oft sagte ich spöttisch zu ihm: «Gehst du wieder zu den Stündelern?»

Unsere Probleme und meine Eifersuchtsanfälle wurden immer größer. Deshalb suchte ich den Kontakt zum Pastor von Johannes' Gemeinde. Ihm erzählte ich meine ganze Not und mein ganzes Elend. Nach diesem Gespräch entschied auch ich mich für einen Weg mit Jesus Christus.

Das war für mich ein sehr schönes Erlebnis. Ich erfuhr eine ganz große Freude in meinem Herzen. Aber in unserer Ehe veränderte sich vorerst nicht viel. Es lag immer noch ein langer Weg vor uns. Doch wir hatten jetzt eine gemeinsame Basis. Wir konnten zusammen für unser Problem beten.

Hilfreiche Abmachung

Mit der Bibel als «Betriebsanleitung für mein Leben» konnte ich nun einen Neuanfang starten. Wir lernten, einander zu vergeben. Wir sprachen viel über meine Eifersucht. Erst jetzt erkannte ich anhand der Bibel, dass die Eifersucht, wie ich sie lebte, eine Zielverfehlung ist. Ich konnte das erste Mal sagen: «Ja, das ist mein Problem, und ich will dieses Problem jetzt angehen.»

Ich fing an zu beten. Ich hoffte und glaubte, dass Jesus mir helfen wollte. Er bremste mich, wenn ich wieder dumme Sprüche von mir geben wollte. Ich wünschte mir so sehr, dass ich nicht mehr länger von dieser Eifersucht dominiert wurde. Mit der Zeit schaffte ich es, besser mit meinen Gefühlen umzugehen.

Wenn ich wusste, dass Johannes um neun Uhr abends nach Hause kam, fing ich frühzeitig an zu beten: «Jesus, hilf mir, dass ich schweigen kann.» Oft gelang es mir nicht, aber ich durfte immer um Vergebung bitten und einen Neuanfang machen.

Mit meinen Anklagen trieb ich Johannes immer wieder dazu, sich erklären zu müssen. Immer wieder sagte er mir: «Ich will doch nichts von anderen Frauen! Ich liebe doch nur dich. Die Situation war doch die und die!»

Aufgrund unserer neuen gemeinsamen Basis machten wir ab, dass ich Johannes am Abend nur ein einziges Mal fragen durfte, was er während des Tages gemacht hatte und mit wem er zusammen gewesen war. Ich war damit einverstanden, dass er mir nur *ein* Mal Auskunft geben musste. Und ich gab ihm auch das Recht, dass er sich zurückziehen durfte, wenn ich ihn trotz der Vereinbarung weiter ausfragen wollte. Er durfte mir sagen: «Denk an unsere Abmachung», und konnte dann das Zimmer verlassen.

Das alles war für Johannes natürlich sehr schwierig. Es schmerzte ihn, mich einfach so zurückzulassen. Die ersten fünf Minuten war ich dann immer sehr, sehr sauer über die Situation. Aber hinterher, als ich ruhiger wurde, war ich froh, dass wir nicht wieder einen langen Streit gehabt hatten.

Diese Abmachung fing an zu greifen und wirksam zu werden. Als unsere Kinder noch klein waren, bekamen sie leider viele dieser schlimmen Szenen mit. Aber sie erlebten auch, dass unsere Ehe langsam gesund wurde. Wir haben viele ganz schwierige Situationen zusammen erlebt. Eine davon möchte ich hier noch weitergeben.

Wir waren zusammen in einem Restaurant bei einem Abendessen. Dabei plagte mich wieder so ein Eifersuchtsanfall. Das bekam unsere ältere Tochter mit. Sie verstand durchaus, um was es ging. Sie nahm ihre kleinere Schwester an der Hand und sagte: «Komm, wir gehen!» Für uns beide war das ein großer Schlag. Dieses Erlebnis drang mir tief ins Herz und tat mir unendlich weh. Wir haben unsere Kinder dann gesucht und auch gefunden.

Aus dieser Situation habe ich sehr viel gelernt. Jesus hat mich zu 98 % geheilt. Ich bete immer, sobald ich merke, dass sich diese Eifersucht bei mir wieder bemerkbar machen will: «Jesus, gib mir Kraft. Nimm mir diese Eifersucht weg.» Ich bin wirklich nach und nach freier geworden, Schritt für Schritt.

Die letzten zwei Prozent Eifersucht sind zwar noch vorhanden. Aber mit diesen kann ich heute besser umgehen. Diese Gefühle empfinde ich vor allem dann, wenn ich müde oder gestresst bin. Heute realisiere ich das meistens rechtzeitig und kann entsprechend reagieren.

Jetzt sind wir rund 35 Jahre verheiratet und haben gelernt, dranzubleiben und nicht aufzugeben. Es lohnt sich wirklich, sich in die Ehe zu investieren. Für uns beide war es auch wichtig, dass für uns eine Scheidung nie in Frage kam – es wäre für uns wie ein Davonlaufen gewesen. Wir haben uns immer wieder gesagt: «Wir wollen dranbleiben.» Und es hat sich hundertprozentig gelohnt!

Kapitel 7
Wie bei meinem Vater:
Die große Traurigkeit

Immer wieder an Weihnachten kam dieses «War das alles?»-Gefühl auf. Die Geschenke waren ausgepackt, alle freuten sich, nur in mir machte sich wieder einmal mehr diese große Leere breit. Ich konnte mich nicht dagegen wehren. Inmitten meiner fröhlichen Familie saß ich still in einer Wohnzimmerecke neben dem Sofa. Ich fühlte, wie eine eiserne Hand nach meinem Herzen griff und mich mit einer tiefen Traurigkeit erfüllte. Damals wusste ich natürlich noch nicht, was das war.

Diese Momente von bodenloser Traurigkeit begleiteten mich durch meine Kindheit bis hinein in meine Zeit als Pastor. Ich erlebte diese Phasen immer intensiver, und mit der Zeit realisierte ich, dass ich offensichtlich unter der gleichen Krankheit litt wie mein Vater. Natürlich wehrte ich mich gegen diesen Gedanken, aber mir war klar, dass ich mich damit auseinandersetzen musste. Die Krankheit hatte einen Namen. Ich realisierte, dass ich an Depressionen litt.

Diese Schübe dauerten unterschiedlich lang. Manchmal waren sie nach zwei bis drei Tagen vorbei, manchmal aber dauerten sie auch zwei bis drei Wochen oder noch länger. Ich lernte meine Gefühle, meine Symptome und mich selber immer besser kennen. Ich spürte mit der Zeit sehr gut, wann wieder eine dieser depressiven Phasen im «Anflug» war. Es fühlte sich an, wie wenn man langsam in einen langen Tunnel hineinfährt. Es wurde immer dunkler, und es gab keine Lichtblicke, die mich auf einen Ausweg hoffen ließen. Es war einfach nur dunkel.

An solchen Tagen konnte ich nur schleppend und unter größtem Kraftaufwand arbeiten, öfters musste ich auch zu Hause bleiben. Dann saß ich in meinem Ledersessel, starrte vor mich hin und war völlig unfähig, an irgendetwas zu denken. Bereits ein klingelndes Telefon konnte in mir einen Weinkrampf auslösen. Ich war maßlos überfordert und hatte dauernd das Gefühl, nicht zu genügen.

Wie soll ich so nur weiterleben?

Alles war so sinnlos. Oft überlegte ich mir, mit wem ich darüber reden könnte. Ich hatte zwar Freunde, aber ich hatte auch Bedenken, mich ihnen in meinem Zustand anzuvertrauen. Bestimmt wäre es schrecklich für sie, wenn sie mich so erleben müssten. Ich glaubte auch, dass sie nicht die Kraft hätten, mir in diesem Moment richtig zu begegnen. Gewiss wären sie der Meinung, dass es besser für mich wäre, mich in einer Klinik von Fachleuten behandeln zu lassen. Vielleicht hätten sie sogar Angst, dass ich meine Gemeindearbeit hinschmeißen würde. Dann müssten sie ja einen neuen Pastor suchen … (Oh, ich weiß, hier greife ich betr. Pastorenamt etwas vor!) Kurzum: Fragen und Ängste ohne Ende.

Wenn ich genug Kraft hatte, flüchtete ich mich hie und da zu meinem Vater oder zu meinem Bruder Martin. Sie kannten solche Momente aus unserer Familiengeschichte und konnten mich verstehen. Sie machten nicht viele Worte und auch nicht viele Versuche, mich aus der Dunkelheit zu holen. Sie waren einfach für mich da und gaben mir Kraft. Und doch – auf dem Weg zu ihnen habe ich mir auch mal überlegt, ob ich auf der Autobahn nicht einfach das Steuer herumreißen und so meinem Leben ein Ende setzen sollte.

Diese Zeiten der Depression waren für mich sehr erniedrigend, und sie griffen immer wieder mein Selbstvertrauen an. Ich verglich mich dann oft mit anderen. Ich kannte Leute, die konnten unendlich viel leisten. Diese Menschen erzählten mir dann begeistert, dass ihnen fünf Stunden Schlaf täglich völlig reichten. Ich brauchte schon in guten Tagen mindestens acht Stunden, und in diesen schwierigen Zeiten – da war eben gar nichts mehr los mit mir.

Immer wieder beteten Menschen für mich um Heilung, doch nichts geschah. Dann begann ich mich intensiver mit meiner Krankheit zu beschäftigen. Ich merkte in meinem Inneren, dass ich mich nicht nur auf eine Heilung konzentrieren durfte.

Mir wurde klar, dass ich meine Krankheit als eine solche sehen und annehmen sollte. Das bedeutete für mich, «Ja» zu meiner Begrenzung zu sagen und zu akzeptieren, dass Gott diese Krankheit zu jener Zeit nicht heilte. Mit diesem Ja lernte ich, dass ich meinem Gott auch so genügte. Und ich lernte, dass ich genug Kraft von Gott bekam, um das zu tun, wofür er mich gemacht hatte.

Es war nicht so, dass ich meinem Gott eine Heilung nicht zutraute. Aber ich fixierte mich nicht mehr darauf, und dadurch wurde ich viel freier.

So habe ich mich mit meinen Grenzen ein Stück weit versöhnt. Gleichzeitig habe ich aber auch gelernt, mich über meine Stärken zu freuen.

Durch diese Prozesse hindurch wurde ich frei, auch in Predigten und Vorträgen darüber zu reden, und konnte Menschen in ihren verschiedensten Begrenzungen ermutigen.

Oft kamen Leute zu mir und sagten: «Hey, ich bete für dich um Heilung.»

Aber ich musste ihnen sagen: «Nein, danke. Das ist zwar sehr lieb, aber im Moment ist das nicht dran.»

Die Phase der immer wiederkehrenden Depressionen dauerte rund zwanzig Jahre. Dann hatte ich in einer Woche drei Träume. Diese drei Träume waren einander recht ähnlich.

Im einen Traum lag ich auf dem Rücken im Bett, schaute die Beine entlang runter bis zu meinen Füßen. Diese waren von einem Schlangenkörper so fest zusammengebunden, dass ich mich nicht mehr bewegen konnte. Dabei hatte sich der Vorderteil der Schlange aufgerichtet, und mit ihrem Kopf züngelte sie in meine Richtung. Da kam ein Unbekannter, packte die Schlange am Kopf und schnitt mit dem Messer alles entzwei. Ich war frei!

Im zweiten Traum war ich in einem christlichen Freizeithaus im Schwarzwald. Ich lag auf einem Operationstisch, und der Leiter des Hauses sagte mir, sie würden mich jetzt operieren. Er schnitt mich irgendwo auf und beförderte nach wenigen Minuten einen Fremdkörper ans Tageslicht. Ich wusste: Die Operation war gelungen. Ich wollte bezahlen, aber man sagte mir, das sei gratis.

An den dritten Traum kann ich mich nicht mehr erinnern; ich weiß nur noch, dass er damals für mich ebenfalls sehr wichtig war.

Mit diesen drei Träumen ging ich zum nächsten Kleingruppenabend. Ich erzählte alle drei Träume, und der Leiter meinte, das deute auf eine Heilung der Depressionen hin. Die Gruppe betete für mich, und von diesem Moment an war die Krankheit weg und kam nie wieder.

Zum Nachdenken

Vielleicht hast auch du eine Begrenzung. Irgendetwas, das dich daran hindert, dein Leben so zu gestalten, wie du es dir eigentlich vorgestellt hast. Kennst auch du Momente, in denen du dich in Gottes Augen oder deinen eigenen Augen minderwertig fühlst? Ich will dich ermutigen, Ja zu deiner Begrenzung zu sagen. Lerne mit diesen Grenzen und innerhalb dieser Grenzen zu leben. Es macht keinen Sinn, vor solchen Realitäten zu flüchten. Lebe das, was du bist. Es genügt!

Das heißt nicht, dass du den Glauben, eines Tages doch noch geheilt zu werden, aufgeben musst. Aber überlass Gott den Zeitpunkt. Denn er weiß ganz genau, was für dich das Beste ist.

Kapitel 8
An der Seite eines depressiven Mannes
Von Erika Wirth

Erika hatte es nicht immer einfach an meiner Seite. Über die Zeiten meiner Depressionen erzählt sie hier selber:

Sie kamen unerwartet und überraschend. Plötzlich hatte Johannes Depressionen. Allerdings kamen die erst, nachdem wir bereits einige Jahre verheiratet waren. Als ich zum ersten Mal erlebte, wie Johannes in ein tiefes Loch fiel, fragte ich mich: «Was habe ich wohl falsch gemacht? Liegt es an mir? Was ist mit meinem Mann los, dass er plötzlich so still ist?»

Als er dann aus seinem Tief wieder herauskam, erklärte er mir, was Depressionen sind und dass das nichts mit mir zu tun hat. Ich hatte keine Ahnung, was eine Depression ist, ich spürte nur, dass da etwas völlig Neues in unser Leben, in unsere Beziehung kam.

Johannes machte mir Mut, mit seiner Mutter darüber zu sprechen. Da schon sein Vater depressiv war, hatte seine Mutter mehr Erfahrung mit dieser Krankheit. Johannes erzählte mir, dass diese vererbbar sei und eben auch sein Vater während seines ganzen Lebens darunter gelitten hat.

Seine Mutter half mir und lehrte mich, wie ich am besten mit dieser Situation umgehen könne. Sie hörte mir einfach zu, sie verstand meine Situation. Solch schwere Zeiten hatte sie in ihrem eigenen Leben ja oft erlebt.

Johannes und ich sprachen offen über diese neue Situation. Wir vereinbarten, dass er es mir sagen würde, wenn wieder so ein Tief im Anmarsch war. Manchmal ging so eine Depression ein, zwei Tage, manchmal aber auch zwei bis drei Wochen. Es war ganz unterschiedlich. Ich merkte bald, dass etwas nicht in Ordnung war, wenn Johannes viel zu früh nach Hause kam.

Oft hörte ich ihn sagen: «Ich kann nicht mehr arbeiten. Ich bewege mich wieder auf ein Tief zu.» Dann musste ich jeweils alle Anrufe übernehmen, die Termine abblasen, und sehr, sehr oft musste ich auch Einladungen in letzter Minute wieder absagen.

Für mich waren diese Situationen sehr schwierig. Ich konnte ja nicht wirklich sagen, woran Johannes litt. Ich wollte die anderen nicht damit überfordern. Ich wollte auch nicht, dass sie das Gefühl bekamen, dass alles zusammenstürzen würde. Aber oft hatten die Leute auch kein Verständnis dafür, wenn ich wieder einmal so kurzfristig absagen musste.

Johannes war still und weinte

Natürlich gab es auch immer wieder Themen, die ich gerne mit Johannes besprochen hätte. Oder Ereignisse, bei denen ich für seine Hilfe oder für seinen Rat dankbar gewesen wäre. Aber wenn er seine depressiven Phasen hatte, musste ich einfach abwarten. Es war fast unheimlich. Johannes verbrachte in solchen Zeiten viele Stunden in seinem Lehnstuhl und saß einfach nur ruhig da. Manchmal weinte er dabei, und manchmal legte er den Kopf in seine Hände.

Ein anderes Mal hörte er Musik, aber fast immer hatte er seine geöffnete Bibel auf den Knien. Er blätterte viel darin herum. So lange, bis er an eine Stelle kam, die «persönlich» in seine aktuelle Situation hineinsprach.

In diesen wirklich schwierigen Zeiten versuchte ich, immer in seiner Nähe zu sein, aber nicht unbedingt im gleichen Raum. Ich wollte einfach, dass er wusste, dass er nicht allein in der Wohnung war. Ich wollte ihm die Sicherheit geben, dass er sich mir jederzeit mitteilen konnte oder ich auch für ihn beten würde.

Trotzdem wollte ich unser Leben so normal wie möglich weiterleben und für unsere Kinder da sein. Sie waren damals noch klein, und oft musste ich unsere beiden Töchter abschirmen, weil Johannes nicht in der Lage war, mit ihnen zu kommunizieren oder sich zu erklären.

Später sprachen wir mit ihnen über diese Problematik. Es war wirklich eine schwierige Zeit, und ich musste aufpassen, dass ich nicht selber in ein Loch fiel. Ich suchte immer wieder Möglichkeiten, Augenblicke oder Situationen, in denen ich mich auch freuen konnte. Denn trotz dieser dunklen Zeiten war ich mir sicher, dass irgendwann das Licht zurückkommt.

Der vierte Vers aus Psalm 23 half mir, nicht aufzugeben. Ich wusste, dass Gott da ist. Beide erlebten wir, dass er uns immer wieder stärkte und Kraft gab. «Und geht es auch durch dunkle Täler, fürchte ich mich nicht, denn du, Herr, bist bei mir. Du beschützt mich mit deinem Hirtenstab.»

Wir sind Gott enorm dankbar, dass Johannes nach zwanzig Jahren von seinen Depressionen geheilt wurde. Dank diesen Erfahrungen kann ich heute oft in der Seelsorge anderen Menschen helfen und sie begleiten. Sehr häufig zeige ich ihnen aus den Psalmen Worte des Trostes und der Geborgenheit. Oder Texte, in denen Gott mit deutlichen Worten sagt, wie sehr er jeden Einzelnen liebt und durch schwierige Lebensphasen durchtragen will. Ich sage dann den Menschen:

«Bleib dran, es lohnt sich. Gib nicht auf. Auch wenn du im Augenblick nicht beten kannst, *ich* kann für dich beten, an deiner Stelle. Bleib dran. Auch wenn Gott nicht in jedem Fall Heilung schenkt, so schenkt er doch immer wieder Licht ins Leben. Und das ist wunderbar.»

Kapitel 9
Auf Geschäftsreisen in Fernost

Eigentlich hätte ich mit meinem Leben ganz zufrieden sein können. Ich war erfolgreich, es ging mir gut, und die Leute um mich herum hielten mich für einen ganz netten Kerl. Trotzdem wurde ich unruhig, war innerlich hin und her getrieben. Auch hatte ich genug vom Thema Versicherung; ich wollte wieder weg. Also bewarb ich mich an vielen Orten.

Zuerst bei der Polizei. Aber die wollten mich nicht, da ich sportlich zu wenig draufhatte. Dann bewarb ich mich bei einer Futtermühle, dort hätte ich den Bauern Tierfutter verkaufen müssen. Warum nicht – ich als Beinahe-Landwirt?! Aber auch dort wollten sie mich nicht. Dann versuchte ich es bei einer Stelle, bei der ich «Mars»- und «Milky Way»-Riegel sowie «Whiskas» verkaufen sollte. Aber die Katzen sind auch ohne mich zu ihrem Futter gekommen.

Während dieser Zeit redete ich viel mit Jesus, bevor ich mich bewarb: «Jesus, du siehst diese Stelle. Du kannst alle Türen öffnen, aber du kannst auch alle Türen schließen.» Die Absagen waren nicht leicht wegzustecken, zumal ich der Ansicht war, dass ich für einige Stellen sogar überqualifiziert war. Aber ich vertraute meinem Gott, dass er schon die richtige Aufgabe für mich haben würde. Immer wieder sagte ich zu ihm: «Rate mir! Du darfst mir auch abraten!»

Denn ich wollte nicht irgendetwas tun, sondern die Arbeit, die Gott für mich als die richtige auswählen würde. Trotzdem blieb ich nicht untätig. Und so schickte ich eine Bewerbung nach der anderen los. Ganz nach dem Motto: «Gott wird mich im Vorwärtsgehen führen.» Dann entdeckte ich ein Stelleninserat von einem großen Warenhaus-Konzern, der einen Ladeninspektor suchte.

Das gefiel mir, also bewarb ich mich. Der Einkaufs-Direktor lud mich zu einem Vorstellungsgespräch ein und offerierte mir drei Stellen. Er sagte zu mir: «Herr Wirth, ich glaube an Sie. Ich habe für Sie drei Jobs zur Auswahl. Welchen wollen Sie?»

Ich entschied mich für die Stelle als «Product Manager» und war damit der Zentral-Einkäufer für Sportartikel. Es war also meine Aufgabe, alle Sportartikel einzukaufen, Warenpräsentationen zu organisieren, Aktionen in den einzelnen Sportartikelabteilungen der Filialen zu lancieren und für die Sportseiten des großen Versandkatalogs alle Sportartikel bereitzustellen.

Als Branchen-Greenhorn dem Spott ausgesetzt

Es war ein Traumberuf. Jeder, der Sportartikel-Verkäufer gelernt hatte, wollte diesen Job. Andere arbeiteten sich in diesem Beruf mit eidgenössischem Diplom mühsam nach oben, und trotzdem bekamen sie diesen Job nicht. Ich stand auf einmal mit einem Einkaufsvolumen von über vierzig Millionen Schweizer Franken im Jahr da. Alle anderen, die in diesem Job waren oder von anderen Firmen kamen, waren Leute aus dieser Branche und wussten einfach alles rund um den Sport. Sie kannten jeden Fußballer, jeden Club, jeden Skifahrer.

Ich hingegen hatte keine Ahnung. Ganz am Rande wusste ich, dass Bernhard Russi ein Skifahrer und kein Fußballer war. Ich fuhr weder gut Ski, noch hatte ich je Fußball gespielt. Ich kannte wirklich niemanden aus dem ganzen «Sportzirkus». Diesem Umstand hatte ich natürlich sehr viele Vorurteile zu verdanken. Der Start war unbarmherzig, und der Spott der ganzen Sportartikel-Branche schlug mir – als Branchengreenhorn und Außenseiter – sofort geballt entgegen.

Bald aber merkte ich, dass ich einen klaren Vorteil hatte. Wenn meine Kollegen oder Konkurrenten die großen Marktführer im Sportbereich besuchten, dann sprachen sie neunzig Minuten über Sport und die letzte halbe Stunde über den Preis. Weil ich von Sport nicht allzu viel Ahnung hatte, sprach ich neunzig Minuten lang über den Preis, über Lieferbedingungen und Ausverkaufs-Artikel, und erst dann, wenn noch Zeit übrig blieb, bemühte ich mich noch um ein wenig Sport-Smalltalk.

In dieser Zeit wurde ich mit meinem Lebensmotto, «zuerst nach dem Reich Gottes zu trachten», stark auf die Probe gestellt. Die Aufgabe war enorm anspruchsvoll. Meine Branche war auch extrem wetterabhängig. War der Frühling gut, hatte man bestimmt zu wenig Holzkohle und Grills an Lager. Und war der Winter schlecht, reichte der Platz kaum, um Tausende von Bobschlitten zu lagern.

Auch mein Chef, der Einkaufsdirektor, war sehr fordernd. Abends, so zwischen sechs und sieben Uhr, ging er durch die Büros. Er setzte sich gerne zu denen hin, die noch am Arbeiten waren, und führte persönliche Gespräche. Von denen, die schon um fünf Uhr nach Hause gingen, hielt er nichts. Wie konnte ich unter einem solchen Druck noch Gottes Reich im Auge behalten?

Es war sehr schwierig, trotzdem kam ich damit zurecht. Während dieser Zeit gelang es mir sogar, unsere Kirche nebenamtlich zu leiten, zu predigen und die Jugendarbeit weiter auszubauen. Das funktionierte nur, weil ich meinem Lebensmotto konsequent treu blieb. Trotz vieler Fehler und Schwierigkeiten.

Das Schönste, aber wiederum auch das Schwierigste in dieser Aufgabe waren für mich die Reisen. Einerseits nach Deutschland zu den großen Sportartikel-Messen, dann in die ehemaligen Ostblock-Länder wie die DDR für den Einkauf von Campingmöbeln und Tischtennis-Tischen.

In der Tschechoslowakei war ich unterwegs für Schlafsäcke und Rucksäcke. Dort lernte ich die Widerwärtigkeiten und die Trägheit der Staatswirtschaften kennen: «Es tut uns leid, Herr Wirth, dieses Jahr haben wir nur *rotes* Leder für Lederrucksäcke, vielleicht haben wir nächstes Jahr wieder braunes Leder.»

Die ganzen Verhandlungen waren anspruchsvoll und schwierig. Während dieser Zeit sank der Wert des US-Dollars. Dadurch wurde es immer attraktiver, im Fernen Osten Sportartikel einzukaufen. In den folgenden Jahren musste ich sechsmal dorthin reisen. Jede dieser Reisen dauerte jeweils zwei bis drei Wochen. Es war zwar hart, immer wieder die Familie zu verlassen. Andererseits lief ich in diesen Wochen dank der enormen Herausforderungen zu meiner Höchstform auf.

Die Reise startete jeweils in Südkorea mit dem Einkauf von Zelten, Rucksäcken, Schlafsäcken und Trekking-Material. Dann ging's weiter nach Taiwan für Skateboards, Rollerskates, Grill-Zubehör, Fitness-Geräte und Hometrainer. In Hongkong dann, wo sich auch unser Büro befand, kaufte ich weiteres Zubehör ein und schrieb dort auch alle Aufträge. Abwechselnd reiste ich dann noch einmal nach Thailand und einmal nach China. So konnte ich die neueren Märkte, die im Entstehen waren, genauer beobachten und schauen, wie sie sich entwickelten.

Auf diese Reisen ging ich anfangs als absolutes Greenhorn. Zum einen waren meine Englisch-Kenntnisse auf einem ganz, ganz tiefen Niveau, aber ich habe mich trotzdem durchgeschlagen. Zum andern hatte ich nur wenig Ahnung von den verschiedensten Stoffen und Materialien.

So hatte ich zum Beispiel keinen Schimmer, dass es für einen Schlafsack über fünfzehn verschiedene Nylon-Außenmaterialien gibt. Aber ich wusste, dass meine Lieferanten viel wussten. Und so schlug ich mich mit etlichen Fragen durch. Mit dieser Fragetechnik konnte ich mir einiges an Wissen aneignen.

Bei der Entwicklung von Eigenprodukten war ich sehr erfolgreich. Ich konnte eine eigene Trekkinglinie entwerfen und war der Erste in der Schweiz, der die Iglu-Zelte nicht nur in Silber, sondern auch in anderen Farben, passend zu Rucksäcken und Schlafsäcken, auf den Markt brachte.

Ebenso baute ich mit Direktimporten eine eigene Fitnessgeräte-Linie auf, obwohl man in der Branche der Ansicht war, dies sei unmöglich. Ich forderte in Taiwan Prototypen an, ließ diese von einem befreundeten Ingenieur testen und legte die Testergebnisse mit Verbesserungsvorschlägen den Fabrikanten in Taiwan wieder vor. Der Erfolg mit den Fitnessgeräten war riesig, ich importierte containerweise Tausende von Geräten.

Auch finanziell ging es mir glänzend. Neben hohen Reisespesen, die ich zum größten Teil auf die Seite legen konnte, erhielt ich Ende des Jahres auch schöne Bonifikationen.

Es war ein gewaltiger Segen Gottes, den ich in meiner Arbeit erlebte. Ja, es war offensichtlich: Gott hielt seinen Teil des Versprechens, und trotz vieler Kämpfe hielt ich den meinen.

Luxus pur

Auf meinen Reisen lernte ich das Luxus-Leben kennen. Fliegen in der Business-Class, wenn möglich bei «Thai Airways» mit dem exquisiten Service. Ich wohnte in den besten 5-Sterne-Business-Hotels der Weltstädte. Es war teilweise schon extrem, wie ich da verwöhnt wurde. Je nach Hotel stand mir zum Beispiel in Thailand ein eigener Butler zur Verfügung.

Und selbstverständlich war ich fast jeden Abend zu einer Privatparty eingeladen. Ich wurde jeweils vor dem Hotel mit einer Nobellimousine abgeholt, und die war natürlich mit einer eigenen Bordbar ausgerüstet. Die Party war dann in einem privaten Haus, nur ich mit dem Firmeninhaber oder dessen Manager plus zwei, drei Angestellte. Und nur für diese paar Leute arbeiteten da der Koch, das Servicepersonal, ein Pianist – und letztlich wurde das alles nur für mich inszeniert. Ah ja, und zwischen dem Hauptgang und dem Dessert war dann meistens noch das obligatorische Karaoke-Singen dran …

Am Anfang war das ja alles noch faszinierend. Es war durchaus angenehm, so verwöhnt zu werden. Und Geld spielte meistens keine große Rolle. Ich war ja Kunde, und der ist in Fernost König wie sonst nirgends auf der Welt. Ich genoss diese Annehmlichkeiten sehr. Aber mit der Zeit sah ich hinter die Kulissen dieses Lebens. Ich begann mir Gedanken über «die Prahlerei der Lebensweise» zu machen. Wie toll sah doch alles von außen aus – wie viel Not begegnete mir aber hinter den Kulissen der Menschen, mit denen ich zu tun hatte.

Ich war oft hin und her gerissen. Wie schaffte ich es, dieses Leben zu genießen und trotzdem ich selbst zu bleiben? Ich war wirklich in Gefahr, mich aufs «hohe Ross» zu setzen. Und ich spürte die Versuchung, mir schöne Reisen und anderes von den Lieferanten zahlen zu lassen. Eine Praxis, die viele meiner Branchenkollegen ohne schlechtes

Gewissen lebten. Ich fühlte mich immer öfters wie ein Zugvogel, der in der Gefahr steht, auf einem mit Leim bestrichenen Ast auszuruhen; einem Ast, von dem er nie mehr loskommen würde.

Wer im Fernen Osten reist, begegnet automatisch auch der großen Sexindustrie. Auch für mich war es ein schwieriger Kampf, diesen vielen Frauen und der offenbar gängigen sexuellen Freiheit zu widerstehen. So war es beispielsweise in Bangkok, aber auch in anderen Städten absolut normal, nach dem Abendessen in einen Club zu gehen, um sich eine Frau für die Nacht auszusuchen. Es war schon sehr auffällig, wie viele allein reisende Geschäftsleute in den Businesshotels am Morgen mit Begleitung erschienen. Viele, die ich kannte, hatten in jedem Land eine feste Dirne.

Ich war oft sehr nahe davor, dieser Versuchung nachzugeben. Denn Hotelzimmer, egal wie groß und luxuriös sie waren, hinterließen immer eine große Einsamkeit in den kurzen stillen Stunden. Hatte man nach einem üppigen Essen dann auch noch genügend Alkohol intus, war die Versuchung enorm.

In diesen Momenten halfen mir einzelne Kapitel aus der Bibel oder bestimmte Verse aus dem Buch der Sprüche. Oft legte ich die Bibel offen auf meinen Stuhl. So fielen meine Blicke, bevor ich das Hotelzimmer verließ, auf die Worte: «Die Frau eines anderen Mannes kann sehr verführerisch sein, wenn sie dich mit schönen Worten betört. Aber das Ende wird schmerzhaft sein, der Nachgeschmack bitter. Sie bringt dich an den Rand des Abgrunds und reißt dich mit in den Tod.» Oder: «Mein Sohn, willst du dich wirklich mit einer anderen vergnügen, mit einer anderen Frau schlafen?» Oder: «Wer Gottes Gebote missachtet, dreht sich selbst einen Strick

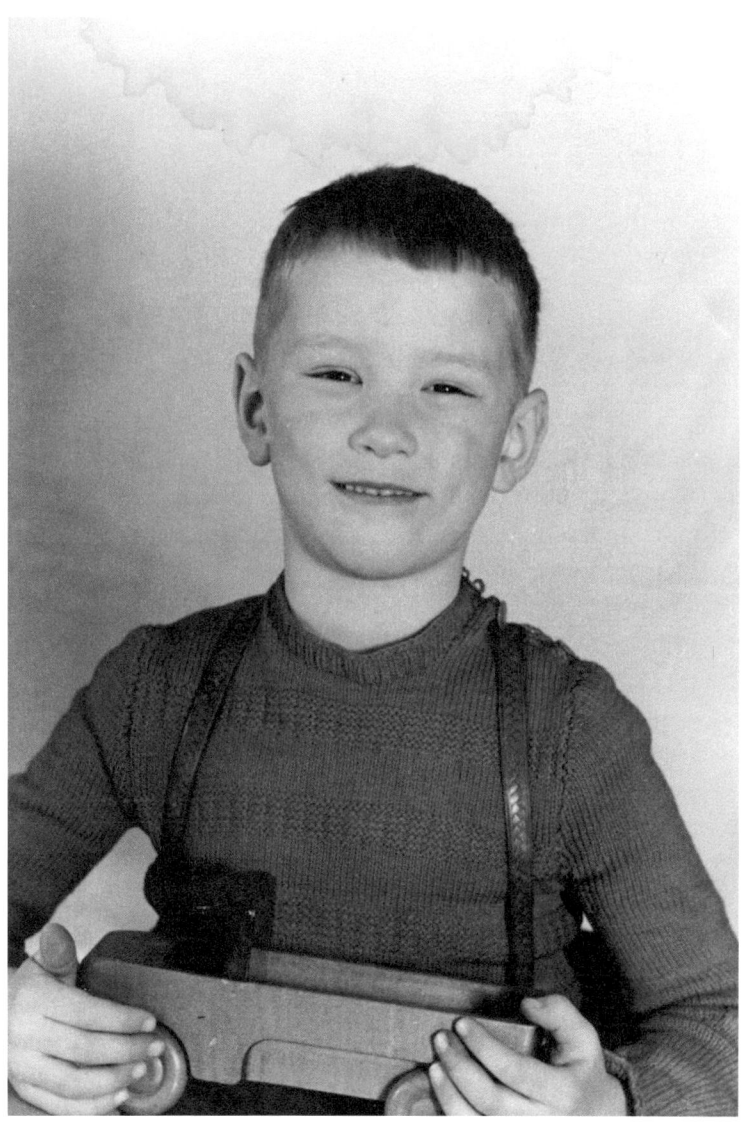

Zu Kapitel 3: Johannes, das jüngste von drei Pfarrerskindern, im Kindergarten

Zu Kapitel 1: Johannes am Anfang seiner «Karriere»
als Dauerversager

Zu Kapitel 2: Eine Art «Flucht». Als junger Mann in einem Kibbuz in
der Wüste Negev, Israel

Zu Kapitel 4: Johannes Wirth alias Wolfgang Amadeus Mozart!

Im Militärdienst: Johannes als Straßenpolizeisoldat bei einem großen Prominentenbesuch in der Schweiz

Die Hochzeit mit Erika im Jahre 1975

Zu Kapitel 15: Johannes predigt auf einer der vielen öffentlichen
Ferienreisen

Zu Kapitel 15: Auf nicht ganz ungefährlicher Jeep-Safari in Israel

Zu Kapitel 6: Erika und Johannes, inzwischen 35 Jahre lang verheiratet. «Es lohnt sich, in die Ehe zu investieren!»

Zu Kapitel 16: Johannes kennt als Leiter auch die leisen, einsamen, nachdenklichen Stunden

Zu Kapitel 14: «Ich glaube, wir müssen ein Zirkuszelt kaufen! …»

Zu Kapitel 16: «Ich musste lernen (und bin immer noch dabei), dass echte Leiterschaft eben alles beinhaltet, sozusagen ‹Leadership all inclusive›.»

und ist gefangen in seiner Schuld. Wer sich nicht beherrschen kann, schaufelt sich sein eigenes Grab.»

Ich habe mir immer wieder diese und andere Verse aus dem Buch der Sprüche vor Augen gehalten und mich gefragt: Will ich meine Familie kaputtmachen? Will ich das, was ich in der Kirche aufgebaut habe, zerstören? Will ich alles für ein schnelles Abenteuer und eine kurze Befriedigung aufs Spiel setzen? Es waren enorme Auseinandersetzungen. Letztendlich ging es nur darum, zu glauben, dass ich bei Gott nicht zu kurz komme. Es ging darum, zu glauben, dass die Bibel die beste Betriebsanleitung für das Leben ist, die es gibt.

Nach einem Geschäftsessen in Seoul ging es ungefragt in ein Kaffeehaus mit hübschen Mädchen. Es war unglaublich: Es gab alles, was sich Männer im Geheimen wünschen. Eines der Mädchen war genau mein Typ, und wir kamen ins Gespräch. Beinahe wäre ich gescheitert. Plötzlich schoss mir eine Stelle aus der Bibel durch den Kopf: «Widersteht dem Teufel, so flieht er von euch.» Weil ich aber nicht mehr widerstehen konnte, floh ich eben aus dem Lokal und rannte mindestens einen Kilometer durch die Straßen Seouls.

Es gab immer wieder Momente, in denen ich mit dem Feuer spielte. Oft wagte ich mich sehr weit hinaus, doch immer wieder konnte ich meinen Vorsatz, auch in der Versuchung nicht aufzugeben, einhalten.

Das große Kampftrinken

Die Fernostreisen waren oft begeisternd, aber auch mit innerlicher Zerrissenheit verbunden. Einerseits lebte ich dieses nach außen hin strahlende Leben als Product Manager in wunderschönen Hotels in den Top-Städten des Fernen Ostens. Andererseits war da ja auch die Aufgabe, eine kleine Kirche mit fünfzig bis sechzig vor allem älteren Leuten zu leiten. Mein Leben war gleichzeitig wie Tag und Nacht, wie Feuer und Eis. Aber ich hatte meinem Gott versprochen, ihm zu dienen. Und ich wollte ihm unbedingt treu bleiben.

Im Vergleich zu meinen Einkäuferkollegen kam ich immer erfolgreich zurück von den vielen Geschäftsreisen. Das bedeutete aber auch extrem viel Arbeit. Während meine Kollegen, zum Beispiel in Taiwan, die Lieferanten zu sich ins Shangri-La-Hotel bestellten, um die Geschäfte dort zu besprechen, suchte ich die Quellen unserer Produkte auf. Während meine Kollegen rasch wieder die schönen Seiten des Hotellebens genossen oder sich in bequemen Firmennobelautos abholen ließen, reiste ich von Fabrik zu Fabrik. Und während die Konkurrenz ihre Verkaufsgespräche und Einkäufe in den feudalen Showrooms der großen Händler tätigte, habe ich vieles auf mich genommen, um wirklich gute Beziehungen zu den Lieferanten aufzubauen und die besten Preise herauszuholen.

So habe ich öfters einen Kleinbus mit Chauffeur gechartert. Dieser fuhr mich dann für einen Acht-Stunden-Trip hinaus in die Provinzen, während ich mich mit einem Schlafsack hinten von den Strapazen erholte. Dadurch und dank der Art, wie ich mich den örtlichen Sitten, Essens- und Trinkgewohnheiten angepasst habe, gewann ich bei den Firmeninhabern und den Produktionschefs viel Sympathie. Obwohl die Quantitäten, die ich ihnen abkaufen konnte, um ein Vielfaches tiefer waren als die der US-Einkäufer, bekam ich die besten Preise. Auch bei den Lieferfristen und bei den Sonderwünschen kamen sie mir gerne entgegen.

Aber auch hier erfuhr ich die Schattenseiten. Da war zum Beispiel die Sache mit dem Alkohol. Auf der ersten Reise erlebte ich, vor allem bei einem meiner wichtigsten Lieferanten, wie das Abendessen mit dem «Kampftrinken» verbunden wurde. Ich saß mit acht Leuten aus der Firma um einen runden Tisch im Restaurant. Die erste Frage war: «Was trinken wir heute: Bier, Whisky oder Gin?» Da sagte ich: «Gin Tonic». So tranken nun alle am Tisch ausschließlich Gin Tonic. Ein Glas um das andere. Das Ziel war, nebst dem Essen, herauszufinden, wer als Letzter vom Stuhl kippen würde. Ich gewann! Aber die Nacht und der andere Tag … Also, es ging mir echt hundsmiserabel.

Zu Beginn der zweiten Reise sprach ich mit dem Gastgeber. Ich sagte zu ihm: «Hör mal, in deiner Kultur trinkt man doch Tee und nicht sinnlos Alkohol.» Er entgegnete, dass er das ja auch nicht schätze. Aber bestimmte Einkäufer aus gewissen Ländern erwarteten das, und deshalb habe er das eingeführt. Wir einigten uns, dass das bei den Essen mit mir von nun an anders sein würde.

Gott lässt sich auf unsere Wünsche ein

Vor allem erlebte ich aber Gottes Treue. Und mit ihm wollte ich noch mehr erleben als nur Business und Kampftrinken. Und so widerfuhr mir auf meiner vierten Fernostreise eine ganz besondere Geschichte. Ich hatte gehört, dass es vor allem in Seoul viele Christen gebe. Aber bisher war ich noch keinem begegnet. Damit war ich natürlich nicht zufrieden. Also redete ich mit Jesus über meinen Wunsch, auch auf meinen Geschäftsreisen Christen kennen zu lernen.

Und so stieg ich in Zürich-Kloten in mein Flugzeug, das mich via Hongkong nach Seoul bringen sollte. Auf einem solch langen Flug hofft man natürlich immer, dass der Sitz neben einem frei bleibt. Und an diesem Tag sah es ganz danach aus. Die Türen des Flugzeuges schlossen sich, die Maschine war zum Abflug bereit, und ich dankte meinem Gott für den vor mir liegenden bequemen Flug. Doch dann öffnete sich die Tür noch einmal, und ein kleiner, verschwitzter, nach Knoblauch riechender Mann plumpste neben mir in den Sessel. *Oh nein,* dachte ich, *warum jetzt das?* Ich begann dann in dem Buch «Haddsch» von Leon Uris zu lesen, das auf eindrückliche Weise das Leben in Palästina zwischen 1920 und 1955 beschreibt.

Kaum sah mein Sitznachbar den Buchtitel, fragte er mich: «You are Christian?» («Du bist Christ?»)

Ich sagte: «Yes.» («Ja.»)

Er fragte zurück: «I mean, you are really a Christian man, you believe in Jesus?» («Ich meine, du bist ein wirklicher Christ, du glaubst an Jesus?»)

Ich sagte: «Yes.» («Ja.»)

Sogleich warf er sich mir um den Hals und schrie: «You are my brother!» («Du bist mein Bruder!»)

Er erklärte mir, dass er geschäftlich durch Europa gereist sei und Jesus gesagt habe, er möchte Christen kennen lernen, aber er sei keinem begegnet. Dann, gegen Ende der Reise, habe er Jesus gesagt: «Herr, nur einen, bitte.» Und das sei jetzt ich! Jedes Mal, wenn ich gerade eingeschlafen war, schlug er auf mein Bein und rief: «You are my brother!»

In Seoul angekommen, zeigte er mir anderntags die große Kirche von Paul Yonggi Cho, und ich kaufte dort ein paar Bücher. Nach einigen Tagen war meine Zeit in Korea wieder vorbei, und ich stand am Flughafen von Seoul in der Schlange vor der sehr strengen Sicherheitskontrolle. Oje, ich sah, dass an diesem Tag ein Beamter Dienst hatte, bei dem man sofort merkte, dass er keinen Spaß verstand.

Er durchsuchte meinen Bordrucksack und förderte die Yonggi-Cho-Bücher zu Tage. Kaum sah er diese Literatur, rief er: «Oh, you are my brother!»

Dann flog ich weiter nach Taiwan. Mit der üblichen Limousine, die vom Hotel gestellt wurde, war ich unterwegs dorthin. Wie gewöhnlich standen wir im Stau. Irgendwie kam mir die Musik, die der Fahrer eingelegt hatte, sehr bekannt vor. Ich fragte, was für Musik das sei.

Er lachte fröhlich über das ganze Gesicht, hielt mir die Kassette unter die Augen und sagte: «This is worship music, Sir.» («Das ist Worship-Musik, Anbetungsmusik, mein Herr.»)

Mein Fahrer war also Christ, und ich engagierte ihn gleich für die nächsten drei Tage, um mein Privatchauffeur zu sein. Ja, Gott erhört Gebete!

Zum Nachdenken

Eine prahlerische Lebensweise – wie stark ist doch ihre Anziehungskraft für viele von uns! Wie schnell gleichen wir Geschäftsleute dem Esau, der für ein Linsengericht so vieles aufs Spiel setzte. Er wählte die sofortige Befriedigung eines momentanen Bedürfnisses und verspielte dabei den besonderen Segen des Vaters. Wie oft stehen wir in Gefahr, unsere Familien, unsere Vision, unseren Lebenstraum, ja sogar den Segen unseres himmlischen Vaters aufs Spiel zu setzen. Wirst du auf das, was schnelles Glück verspricht, verzichten, um das «Größere» zu erreichen? Glaube mir, es lohnt sich, es lohnt sich unbedingt.

Kapitel 10
GvC und Quellenhof-Stiftung:
Der Kampf um die Anfänge

In die Gemeinde, die ich heute leite, wurde ich sozusagen «hineingeboren». Bei meinem ersten Besuch war ich erst 23 Jahre alt. Die Gemeinde war sehr klein, gerade mal sechzig Männer und Frauen besuchten damals die Gottesdienste. Die meisten waren wesentlich älter als ich, und so gehörten also meine Frau und ich zu den «Jungen».

Es gab keine Jugendgruppe oder so etwas Ähnliches. Es gab auch keinen festen Pastor; die Prediger wechselten sich ab, so dass jeder einmal im Monat in unserer Gemeinde war. Das trug natürlich mit dazu bei, dass die Gemeindeglieder keine Verbindlichkeit zur Gemeinde entwickelten.

Trotzdem war genau diese Gemeinde dafür verantwortlich, dass mein Glaubensleben verbindlich wurde und meine Beziehung zu Gott neue und wesentliche Impulse erhielt. Ich habe mich nicht nur für Jesus entschieden, sondern auch dafür, diesem Gott mit meinem ganzen Leben zu dienen. Dies war wirklich mein fester Wille, egal, was dies für Konsequenzen haben sollte.

Diese Gemeinde bedeutete mir von Beginn an sehr viel, und deshalb wollte ich auch mitarbeiten. Irgendwie. Und so schaute ich, was ich wohl in dieser Gemeinde so tun könnte. Einem Mann in dieser Gemeinde musste ich aufgefallen sein. Jedenfalls lud er mich zum Abendessen ein und sagte zu mir: «Johannes, ich habe was für dich: Wir haben keine Jugendgruppe. Gründe doch eine!»

Toll! Und wie macht man das? Ich hatte doch keine Ahnung von so etwas!

Ich schaute mich nach anderen motivierten Jugendlichen um, und zu dritt gründeten wir die erste Jugendgruppe im Blaukreuz-Haus in Winterthur. Meine Güte – war das ein mühsamer Start! Mal waren wir zu dritt, dann zu fünft, dann zu zehnt.

Die ganze Arbeit schleppte sich dahin, nichts war zu spüren von den Jugendbewegungen, die sonst in der ganzen Gesellschaft damals aktiv waren. Ich hörte immer von den «Jesus People», aber bei uns im Blaukreuz-Haus bewegte sich kaum etwas. In meiner Erinnerung ging dies über mehrere Jahre so weiter.

«Johannes, gib nie auf!»

Irgendwann hatte ich die Nase voll. Es war gerade wieder eine Phase, in der ich glaubte, dass es nun endlich mit der Jugendarbeit vorwärts ging. Stattdessen blieben ausgerechnet jetzt wieder einige weg, und die wollten auch nicht mehr wiederkommen.

Ich war wirklich sehr, sehr verzweifelt. Ich wohnte damals in der Nähe eines Waldes. Ich rannte in diesen Wald hinein und begann mit meinem Gott zu streiten.

«Gott, warum muss das sein? Warum muss gerade ich so eine Jugendarbeit leiten? Such dir einen anderen. Ich kann nicht mehr, ich will nicht mehr und überhaupt!»

Ich schrie und stampfte mit meinen Füßen, schlug mit meinen Armen um mich und war wirklich gefangen in meiner Hoffnungslosigkeit.

Einige Zeit später teilte ich meine Gedanken mit einem Christen, der mir überhaupt nicht sympathisch war. Der war mir eigentlich viel zu fromm, bei dem hat immer alles irgendwie funktioniert.

Er sagte zu mir: «Johannes, gib nie auf!»

Und obwohl mir sein frömmlerisches Getue mächtig auf den Geist ging, blieb dieser Satz in meinem Kopf und meinem Herzen hängen.

Zur gleichen Zeit fragte mich unser Gemeindeleiter, ob ich nicht eine kleine Stubenversammlung leiten könnte. Ich sagte zu und traf dort sechs bis zwölf Senioren an. Diese Versammlung fand in einer Hütte im Garten eines Grabsteinherstellers statt. Super, genau das, was sich ein Jugendgruppenleiter wünscht!

Trotzdem wollte ich nicht kneifen, ich wollte Gott gegenüber mein Versprechen halten. Und so ging ich also jeden Montagabend zu meinen Senioren und hörte mit ihnen gemeinsam den Reisepredigern zu. Meine Aufgabe war, jeweils die Leute zu begrüßen, irgendwie ein paar einleitende Worte an «das Publikum» zu richten, die Lieder auszuwählen und am Schluss wieder aufzuräumen. Ab und zu nahm ich sogar meine Gitarre mit, aber mit meinen vier Griffen klang es schrecklich.

Manchmal vergaß einer dieser Reiseprediger unsere Versammlung. Dann durfte jeweils *ich* eine vorbereitete Reservepredigt aus der Bibel nehmen und diese dann auch halten. Das geschah etwa drei- bis viermal pro Jahr.

Ich war offenbar nicht besonders gut. Eine alte Frau ließ mich dies ziemlich direkt wissen. Etwa nach der vierten Predigt sagte sie: «Johannes, so langsam kann man dir jetzt zuhören.»

In diese Versammlung kam auch ein älterer Bauer, der den ganzen Tag draußen an der frischen Luft arbeitete. Kaum setzte er sich hin, schlief er sofort ein. Er schlief nicht nur ein. Nein, er begann sogar zu schnarchen. Laut! Seine Frau stupste ihn dann jeweils mit dem Ellbogen an. Daraufhin erwachte er kurz, er hielt sogar seinen Kopf ein paar Minuten oben. Aber egal, welcher Prediger zu was auch immer gerade sprach, ein paar Minuten später schnarchte der Bauer bereits wieder.

So verbrachten wir unsere Gottesdienste.

Es war eine große Diskrepanz: Auf der einen Seite engagierte ich mich in dieser Stubenversammlung und leitete eine Jugendarbeit, die irgendwie nicht vom Fleck kam. Andererseits war ich in meinem beruflichen Alltag ein erfolgreicher Geschäftsmann. Irgendwie fühlte ich mich manchmal völlig zerrissen. Ich lebte in zwei Welten.

Die Business-Welt, der gute Job, die vielen Geschäftsreisen und die Millionen von Franken, für die ich verantwortlich war, standen der Gemeindewelt gegenüber, in der ich die vermeintlich kleinen und unattraktiven Gemeindeaufgaben verrichtete. Aber ich hatte Gott versprochen, dass ich ihm dienen wollte, egal, wo er mich haben will. Und deshalb machte ich diese Arbeiten.

Meine Jugendarbeit und die Verantwortung dafür bedeuteten mir viel. In meinem Leben hatte diese Aufgabe eine große Priorität. Mir war klar, dass ich Verbindlichkeit vorleben musste, wenn ich sie von den anderen Jugendlichen auch erwarten wollte. Ich war ab und zu richtig wütend, wenn sie mit fadenscheinigen Ausreden wieder nicht zu unseren Jugendabenden kamen.

Für mich war diese Arbeit so wichtig, dass ich mich von nichts anderem ablenken ließ. Ich verzichtete auf Einladungen zu Hochzeiten oder sonstigen Festen. Denn für mich war klar: Der Montag- und der Samstagabend waren heilig und gehörten meinem Gott.

So langsam trug die Jugendarbeit aber Früchte. Die Schwester meiner Frau und verschiedene andere Leute entschieden sich in jener Zeit für ein Leben mit Gott. Aber noch lange Zeit dümpelte diese Jugendarbeit mehr oder weniger lebendig vor sich hin.

Offene Türen

So lief es also bis zu jenem verregneten Pfingstwochenende in irgendeinem Nest in Deutschland. Die ganze Zeit hatten wir grässliches Wetter gehabt, und meine Frau und ich kamen todmüde nach Hause. Wir freuten uns darauf, endlich etwas Ruhe zu haben, die Beine auszustrecken und mit niemandem reden zu müssen. Kaum hatten wir uns etwas entspannt, klingelte es. Eine junge Frau aus unserer Jugendgruppe stand in der Tür. Wir wussten von ihr, dass sie psychische Schwierigkeiten hatte. Mit strahlenden Augen fragte sie: «Darf ich reinkommen? Wie war euer Wochenende?»

Musste das sein, jetzt? Unbedingt? Begeistert erzählte sie uns, dass sie uns etwas Wichtiges mitzuteilen hätte. Lustlos und müde hörten wir ihr zu. Sie berichtete darüber, dass es vis-à-vis von unseren Jugendräumen zu einem Brand gekommen sei. Die Flammen hätten nur so um sich geschlagen, und die Feuerwehr und die Polizei seien gekommen. Das ganze Szenario sei einfach fantastisch gewesen. Während sie das so erzählte, hatte sie richtig Feuer in den Augen.

Ich meinte nur: «Gott sei Dank war der Brand *neben* und nicht *in* unseren Jugendräumen.»

Die junge Frau ging dann wieder, und Erika und ich erholten uns von dem anstrengenden Pfingstwochenende.

Dank meiner Arbeit als Schadeninspektor bei einer großen Versicherungsgesellschaft wusste ich natürlich, was ein solcher Brand bedeuten kann. Als ich am anderen Tag ins Büro kam, öffnete ich zuerst meine Zeitung. Da sah ich auf einem

Foto einen Feuerwehrmann auf der Leiter unter dem Fenster *unserer* Jugendräume!

Da wurde mir plötzlich klar, dass diese Frau das Feuer selber gelegt hatte. An jenem Morgen hörte ich im Radio, dass kurz nach Ladenöffnung in zwei Einkaufszentren in Winterthur Feuer gelegt worden war. Ich rief die Kantonspolizei an und zeigte unsere junge Frau als Pyromanin an.

Sie wurde dann in eine psychiatrische Klinik eingewiesen. Meine Frau und ich und auch andere Leute aus unserer Jugendgruppe besuchten sie regelmäßig dort. Bis zu jenem Zeitpunkt dachte ich immer, wir seien eine Jugendgruppe für ganz normale und gesunde Leute. Ich wusste, dass es in Winterthur noch eine andere Jugendgruppe gab, und glaubte, *diese* sei für Menschen am Rande der Gesellschaft zuständig.

Aber es sollte alles ganz anders kommen. Mit dieser Pyromanin hatte Gott begonnen, uns auf eine größere Arbeit mit Menschen am Rande der Gesellschaft vorzubereiten.

Das Paulus-Zeltmacher-Prinzip

Durch die Jugendarbeit begann unsere Gemeinde langsam aber sicher doch etwas zu wachsen. Ich war mit Leib und Seele Geschäftsmann. Aber in meinem Innern wusste ich, dass Gott mir sagen wollte: «Ho, Johannes, du sollst jetzt hier in dieser Gemeinde als fester Pastor dienen!»

Schon gut, aber *ich* wollte das auf gar keinen Fall! Ich hatte einen Vater, der Pfarrer gewesen war. Und ich habe oft genug gesehen, wie sehr er immer wieder unter seinem Beruf gelitten hatte.

Ich sagte zu Jesus: «Ich habe dir versprochen, dass du alles haben kannst, aber Pastor, Pfarrer, Gemeindeleiter, nein, das will ich nie werden! Dafür liebe ich meinen Job zu sehr!»

Aber Gottes Geist ließ nicht nach. Es war wirklich wie ein Ruf, wie ein Reden Gottes. Innerlich war mir klar, dass ich jetzt meine Arbeit als Zentraleinkäufer beim Jelmoli-Konzern beenden und meine Arbeit als Pastor in dieser Gemeinde aufnehmen sollte. Irgendwann konnte ich einfach nicht mehr Nein sagen. Ich ging zu unserem Gemeindegründer, Charles Reichenbach, und sagte:

«Charles, ich glaub, ich soll Pastor werden.»

Darauf erwiderte er: «Johannes, endlich merkst du es. Ich habe schon so lange für dich gebetet.»

Er habe mir nie etwas gesagt, weil er mich nicht unter Druck setzen wollte, meinte er ... Ich war ja zu dieser Zeit Zentraleinkäufer für Sportartikel, und meine geschäftliche Karriere konnte sich sehen lassen. Mir gefiel meine Arbeit, ich verdiente gut, war beliebt und hatte Erfolg. Jeder Laufbahnberater hätte mir von einem Wechsel abgeraten. Es war ganz klar der dümmste Moment, um auszusteigen. Ich ging dann zu unserem Einkaufsdirektor und sagte:

«Ich muss Ihnen etwas mitteilen. Ich werde kündigen. Ich werde Pastor!»

«Was verdienen Sie denn dort?»

«Wissen Sie, unsere Kirche ist zu klein, sie kann mir kein Gehalt zahlen. Wir leben aus Glauben. Da wird uns dann schon irgendjemand Geld geben!»

Sein Erstaunen und sein Kopfschütteln waren ehrlich, dann überlegte er lange und sagte: «Wissen Sie was, Herr Wirth, wir brauchen Sie. Sie können ja die Abteilung als Freelancer weiterleiten. Wir zahlen Ihnen pro Arbeitstag eine sehr gute Entschädigung. Wir stellen einen neuen Einkäufer ein, aber Sie werden dafür die Abteilung weiterleiten.»

Ich nahm dieses Angebot gerne an und war entschlossen, diese Vereinbarung für ein Jahr wahrzunehmen. So konnte ich 60 % in der Gemeinde arbeiten und mit 40 % immer noch so viel verdienen, dass mich niemand unterstützen musste. Ganz nach dem «Paulus-Zeltmacher-Prinzip».

Für meine Frau war diese Arbeitsteilung eine sehr große Erleichterung. So wusste sie, dass wir wenigstens für das nächste Jahr ein festes Einkommen haben würden. Zu Gott sagte ich: «Vater, ein Jahr lang und keinen einzigen Tag mehr!»

Während dieses Jahres erlebte ich nochmals einen Erfolgsschub in meiner Arbeit. Auf meiner nächsten Fernostreise fuhr ich nach China, ging auf eine große Verkaufsmesse und kam mit Leuten aus den fernsten Provinzen in Kontakt. Irgendwie gelang es mir, bis zu 20 % tiefere Preise für Rucksäcke, Zelte und Trekking-Material zu bekommen. Erfolgreich und zufrieden kam ich wieder zurück in die Schweiz.

Ich spielte mit dem Gedanken, doch wieder aus der Gemeindearbeit auszusteigen und als Einkaufsberater für Firmen tätig zu sein. Ich war ja so gut in meinem Beruf, dass ich genügend verdient hätte, um mit meinem Zehnten einen Pastor einstellen zu können.

Das Jahr, das ich Gott versprochen hatte, ging dem Ende entgegen. Im Beruf war ich erfolgreich, in der Gemeinde lief es «soso-lala». Ich dachte mit keiner einzelnen Hirnzelle darüber nach, meinen Beruf ganz aufzugeben.

Eines Sonntags, als ich in meinem Büro saß und die Predigt vorbereitete, sagte mir eine innere Stimme: «Johannes, du hast mir ein Versprechen gegeben. Du hast dich nicht daran gehalten. Du hast deinen Beruf nicht wirklich an den Nagel gehängt.»

Ich wusste, an diesem Morgen musste ich meine Gemeinde über eine von zwei möglichen Entscheidungen informieren. Ich konnte den Gottesdienstbesuchern sagen:

«Ich habe mein Versprechen vor Gott nicht gehalten. Aber heute Morgen habe ich mich entschlossen, dass ich sofort aus meinem Beruf aussteigen und jetzt zu hundert Prozent für die Gemeinde arbeiten werde.»

Oder ich würde vor die Gemeinde treten und sagen: «Ich bin nicht bereit, mein Versprechen Gott gegenüber zu halten, darum werde ich heute Morgen auch nicht predigen.»

Ich entschied mich, ohne meiner Frau etwas davon zu sagen, vor die Gemeinde zu treten und zu sagen: «Ich mache Schluss mit meiner beruflichen Karriere. Ich bin jetzt ganz für die Gemeinde da, ich werde nur noch hier arbeiten.»

Ein schwerer Entschluss

Was ich danach feststellen musste, war sehr seltsam. Während der Monate, in denen ich trotz meines Versprechens immer noch als Einkäufer tätig war, machte ich nebst meinen Erfolgen auch große Fehler. Fehler, die ich mir bis heute kaum erklären kann und die für meinen Arbeitgeber gar nicht toll waren. Es war, als hätte mir Gott seinen Segen während der Zeit nach dem Ablauf unserer Vereinbarung entzogen.

So war ich jetzt also ein Pastor, und ehrlich gesagt wusste ich nicht, was ich jetzt mit dieser vielen Zeit anfangen sollte. Ich hatte ja vorher wirklich hart gearbeitet, manchmal bis zu sechzehn Stunden täglich. Und nun saß ich da in meinem Büro und überlegte: *Mensch, was mach ich jetzt eigentlich?!*

Ich dachte darüber nach, was mein Vater, der Pfarrer, jeweils gemacht hatte. Mein Vater hat gepredigt – das habe ich auch gemacht. Er leitete eine Jugendgruppe – das habe ich auch gemacht. Er hat Leute beerdigt – ich hatte niemanden zu beerdigen. Er hat Paare getraut – ich hatte niemanden zu trauen. Er hatte viele seelsorgerliche Gespräche – mit mir wollten nur wenige über ihre Seele reden. Ich fragte mich ernsthaft, was ich mit all der unausgefüllten Zeit tun sollte.

Zu Beginn dieser neuen Lebensphase kam einer unserer älteren Brüder und hielt eine Predigtserie über das Buch Nehemia. Er erzählte über Nehemia, der einen guten Job als Mundschenk beim König in Babylon hatte. Nehemia hörte, dass es seinen Brüdern in Jerusalem ganz schlecht ging, weil die Mauer kaputt war. Seine Reaktion war tiefe Trauer über all das, was in Jerusalem geschah. Nehemia war erschüttert darüber, wie schlecht es den anderen Menschen und seinen Brüdern ging.

Also gab er seinen tollen Job auf und reiste nach Jerusalem. Er ritt mit seinem Esel um die Mauer, ohne irgendjemandem zu sagen, worum es eigentlich ging. Nehemia machte eine Bestandsaufnahme des Schadens der Stadtmauer, und als er damit fertig war, ging er zu den führenden Leuten des Volkes und motivierte sie, unter seiner Leitung die Mauer der Stadt wieder aufzubauen.

Ich sah da eine gewisse Parallele zu mir: Ich hatte meinen guten Job aufgegeben, um den Menschen, meinen Brüdern und Schwestern, aber auch den anderen Menschen dieser Stadt zu dienen. Ich entschloss mich aufgrund der Predigtserie, einmal den Schaden der Stadt Winterthur aufzunehmen. Ich ging in die Jugend- und Drogenszenen-Restaurants, besuchte die vielen Bars und verschiedenen Clubs, um dort abendweise hinter einem Bier zu sitzen, nur um zu schauen, was in dieser Stadt los war. Das, was ich sah, berührte mich enorm stark.

Was ich in diesen Szenerestaurants sah, bewegte mich so sehr, dass ich zu unserer Jugendgruppe sagte: «Wir können nicht mehr jeden Samstagabend einfach so unsere schönen Jugendstunden abhalten. Wir müssen etwas Neues machen.

Ich habe mich entschieden: Wir gehen jeden zweiten Samstag auf die Straße, um den Menschen von unserem guten Gott zu erzählen. Wir wollen sie nicht in unsere Kirche einladen, auch nicht unsere Jugendgruppe füllen. Wir wollen den Menschen einfach von diesem Gott erzählen, denn es geht ihnen dermaßen schlecht, sie brauchen dringend diesen Jesus.»

Nachdem ich diese Vision präsentiert hatte, kamen in der folgenden Woche nur noch halb so viele Jugendliche wie sonst. Die anderen sagten klar und deutlich: «Da machen wir nicht mit!»

Ehrlich gesagt, ich verstand das sogar. Trotzdem fingen wir an darüber zu reden, wie mein Entschluss doch funktionieren könnte. Was genau wollten wir machen? Es kamen verschiedene Ideen. Eines unserer Mitglieder war im Krankenhaus dafür angestellt, die Betten mit den Patienten zwischen dem Operationssaal, der Röntgen-Abteilung und den Zimmern hin und her zu schieben.

Er sagte: «Johannes, wir nehmen ein Klinikbett und gehen mit diesem auf die Straße!»

Ich fragte: «Was willst du mit einem Klinikbett auf der Straße?»

Nach längerer Diskussion entschieden wir uns, dass wir irgendeinen von uns in das Bett reinpacken wollten, dick zugedeckt, da es Dezember und sehr kalt war. Um das Bett befestigten wir einen Schriftzug mit den Worten: «Es wird kälter, Menschen brauchen Liebe.»

Und so zogen wir durch die verkehrsfreie Einkaufsstraße unserer Stadt. Die Menschen blieben stehen, denn wir waren natürlich ein richtig guter Hingucker. Die Leute fragten, was dies alles zu bedeuten hätte. Und so kamen wir auf Jesus zu sprechen.

Wir versuchten auch noch ein paar andere Dinge, und eines Tages hatten wir dann noch die Idee, einen Marktstand und einen Grill zu nehmen und Würste zu braten. Dazu boten wir auch Kaffee, Tee, Punsch und Kuchen an. Dies alles gaben wir samstags von 19–24 Uhr gratis an die Passanten ab. Auch wollten die Leute wissen, warum wir das alles gratis abgaben. Auf diese Art und Weise konnten wir einige gute Gespräche führen und auf Jesus hinweisen.

So waren wir sieben Jahre lang für die Menschen unserer Stadt da. Jeden zweiten Samstagabend, Sommer und Winter, bei Regen, Wind und Schneefall. Es war hart, wir mussten uns durchbeißen, wir mussten einiges aushalten, aber es war eine sehr gute Zeit.

Eines Abends, als wir wieder mit unserem Marktstand in der Einkaufsstraße waren, kam einer und sagte: «Johannes, kannst du mal mitkommen? Ich habe einen Kollegen, dem geht es sehr schlecht.»

Wir gingen ein paar Minuten und kamen in eine ziemlich düstere Wohnung. Ich ging hinein und sah dort bereits auf dem Korridor den blutverschmierten Teppich. Im Wohnzimmer saß ein junger Mann unter einer Wolldecke, es schüttelte ihn, und er zitterte.

Ich hatte keine Ahnung, was ihm fehlte, und fragte ihn: «Was machst du hier? Warum geht es dir so schlecht?»

Darauf erwiderte er: «Ich schiebe den Affen.»

Meine Antwort darauf: «Ich sehe keine Affen hier.»

Darauf er: «Das ist der Entzug!»

«Entzug? Von was machst du denn Entzug?»

«Ich mache den Entzug von ‹Coci›.»

«Ich trinke jeden Tag Coca-Cola, aber so schlecht ging es mir noch nie.»

«Idiot, das ist doch Kokain! Und Heroin und andere harte Drogen, die ich nehme.»

Ab auf die Gasse!

Für mich war diese Begegnung völlig neu. Natürlich wusste ich, dass wir auch in Winterthur eine große Drogenszene hatten. Welche größere Stadt hatte dies in jenen Jahren nicht? Aber einen Entzug so direkt mitzuerleben, das war dann doch noch mal eine andere Nummer. Bis zu diesem Zeitpunkt hatte ich immer noch den Eindruck, wir seien eine Jugendgruppe für ganz normale Leute.

Plötzlich aber führte mich Gott mit Menschen zusammen, die schwer drogensüchtig waren. Meine Frau und ich fingen an, diesen jungen Mann zu betreuen. Wir luden ihn zu uns nach Hause ein, teilten unsere Freizeit mit ihm, und nach einer Weile besuchte er auch unsere Gottesdienste.

Dieser junge Mann hatte eine Mutter. Diese kam in die Gemeinde, und sie kannte andere Frauen, die einen Sohn oder eine Tochter hatten, die auch drogensüchtig oder psychisch krank waren. Und so sagte es einer dem anderen, und plötzlich kamen sie von überall her, die Drogensüchtigen und psychisch kranken Menschen. Nun wusste ich, warum ich meinen Job an den Nagel gehängt hatte!

Jetzt arbeitete ich 50 % in der Gemeinde und 50 % im Drogenmilieu. Ich besuchte dort Leute, knüpfte Kontakte, beherbergte sie teilweise bei meiner Frau und meinen Kindern daheim. Ich ging mit ihnen Schlittschuhlaufen, wir verbrachten gemeinsam Freizeiten und versuchten, ihnen Freunde zu sein. Wir sahen in diesem Weg für sie die einzige Möglichkeit, aus ihrer Drogensucht auszusteigen.

Viele ließen sich auch darauf ein. Aber wenn sie bereit waren, ihrem Leben wirklich eine Chance zu geben, wussten wir nicht, wohin wir die Leute bringen sollten. Es gab kaum Entzugsstationen und nur wenige Therapieplätze. Aber wir gaben nicht auf und betreuten diese Jugendlichen weiter. Einfach war das nicht. Aber seit wir uns als Jugendgruppe für diesen Weg entschieden hatten, fing die Gemeinde an zu wachsen.

Gemeinsam beschlossen wir, jeden zweiten Samstag auf die Gasse zu gehen, egal, was uns das kosten sollte. Das war vor 25 Jahren: «Herr, wir wollen einfach von dir erzählen. Alles andere ist nebensächlich.»

Zum Nachdenken

Es lohnt sich, nicht aufzugeben. Egal, in welcher Kirchengemeinde du arbeitest, es lohnt sich, an der eigenen Vision dranzubleiben. Auch wenn manchmal alles sinnlos erscheint, kannst du sicher sein, dass Gott eine andere Perspektive der Dinge hat. Renne ruhig raus in den Wald, schrei deine Sorgen und Zweifel Gott entgegen. Er hört dich, er nimmt dich ernst. Wenn du Gottes Reich in deinem Leben als absolute Priorität siehst, wirst du erfahren, dass Gott zu seinem Wort steht und etwas entstehen lässt.

Kapitel 11
Meine Vision, meine Begeisterung – und ein hartes Nein!

Es begann mit dem ersten drogenabhängigen Mann, den ich in jener Wohnung in Winterthur aufsuchte. In der Folge kamen immer mehr junge Menschen vom Rande der Gesellschaft in unsere Kirche. Die einen hatten starke Drogenprobleme, andere waren seelisch und psychisch kaputt. Zusammen mit meiner Frau betreute ich immer öfter Menschen in schwierigen Lebenssituationen. Genial, dass wir dabei von Leuten aus der ganzen Gemeinde unterstützt wurden!

Häufig war ich auf dem «Blattspitz» anzutreffen. Das war während der 80er-Jahre die offene Drogenszene in Zürich. Was mir da tagtäglich begegnete, war ein Bild des Grauens. Aber mir war es wichtig, gerade mit diesen Menschen Kontakt aufzunehmen. Und so bewegte ich mich zwischen diesen Hunderten von Fixern und den einschlägigen Clubs und Restaurants.

Mit der Zeit kamen einige dieser Frauen und Männer zu uns in die Kirche. Erika und ich luden sie zu uns nach Hause ein und unternahmen mit ihnen und unseren Kindern gemeinsame Ausflüge. Mit der Zeit gelang es, zu diesen Menschen Beziehungen, ja sogar Freundschaften aufzubauen. Stundenlang haben wir miteinander geredet, wir gaben ihnen Geborgenheit und ließen sie spüren, dass wir sie so annahmen, wie sie waren. Auch unterstützten wir sie in alltäglichen Herausforderungen, zum Beispiel im Umgang mit Ämtern oder Krankenhäusern.

Es war eine sehr bewegte Zeit. Ich wusste jetzt, warum ich meinen geliebten Job als Einkäufer aufgegeben hatte. Da-

mals arbeitete ich zu 50 % in der Jugend- und Gemeindearbeit, die andere Zeit investierte ich in die Betreuung von
Menschen am Rande der Gesellschaft.

Es waren Zeiten zwischen Erfolg und Enttäuschung, zwischen Aufbruch und Zerbruch. Zeiten, in denen ich vieles
falsch machte im Umgang mit psychisch Kranken und drogenkranken Menschen. Aber ich wollte ihnen unbedingt helfen, sie rausholen, sie motivieren für eine Therapie und ihnen meine Freundschaft geben. Ich versuchte, ihnen den
Ausstieg aus dem alten und den Einstieg in ein neues Leben
zu ermöglichen.

Mit einem dieser jungen Männer und ein paar Leuten aus
unserer Jugendarbeit fuhr ich nach Wildhaus. Ich mietete
dort eine Ferienwohnung auf einer Alp, fest entschlossen,
mit ihm einen trockenen, harten Heroin-Entzug durch-
zukämpfen. Wir durchwachten gemeinsam die ersten Nächte, sangen dem zitternden, mitten in den Entzugsschmerzen
stehenden Mann Lieder vor. Wir beteten zusammen, wir
kämpften zusammen, und immer wieder versuchten wir ihn
zu ermutigen.

Doch dann, es war vermutlich der dritte oder vierte Morgen, nahm er seine kleine Tasche und rannte auf die Straße.
Dort hielt er einen Bauern an, der von der Alp runter ins Tal
fahren wollte. Er drängte den Mann dazu, ihn mitzunehmen,
und log ihm vor, dass er etwas Dringendes zu erledigen
hätte.

Von weitem schaute ich zu, wie er einstieg, und rief dem
Bauern zu: «Im Namen Jesu, nehmen Sie ihn nicht mit. Sie
machen einen riesigen Fehler!»

Der Mann dachte vermutlich, ich sei wohl selber auf irgendeine Weise psychisch krank, und fuhr mit meinem
Schützling auf und davon. Ich wusste natürlich sofort, wo

ich den Mann wiederfinden konnte. Also fuhr ich ihm mit dem Auto eines Kollegen hinterher – nach Zürich, in die offene Drogenszene.

Fehlende Therapieplätze

In Zürich angekommen, suchte ich den Mann und motivierte ihn, noch einmal zurück auf die Alp zu kommen. Zusammen fuhren wir retour, und der Entzug ging von neuem los.

Es war immer ein Kampf um einzelne Menschenleben. Es war ein Kampf um Freundschaften. Es war ein Kampf ums Überleben von Menschen. Ich erinnere mich an den einen Mann, der eine Überdosis Drogen erwischt hatte. Er wurde auf die Intensivstation gebracht, ich besuchte ihn, wachte nächtelang an seinem Bett, betete für ihn, hielt ihm die Hände, und als es ihm wieder besser ging, betreute ich ihn im Krankenhaus. Es war eine enorm hektische und aufreibende Arbeit, mit vielen Misserfolgen und vielen Enttäuschungen verbunden, aber auch mit fast ebenso vielen Siegen.

Aufgrund all dieser Erfahrungen wussten wir, dass wir unbedingt Therapieplätze für diese von Drogen gezeichneten Menschen brauchten. Ende der 80er-Jahre war das nahezu unmöglich. Die Suche für jeden einzelnen Therapieplatz war wie ein großer Spießrutenlauf.

In Zürich gab es nur eine einzige christliche Drogenentzugsstation. Diese hatte nur drei Betten und war über Wochen hinaus ausgebucht. Es gab auch die Pionier-Therapiehäuser wie «Fischerhus», «Best Hope» und «Samachia». Aber diese christlichen Einrichtungen waren auf Monate hinaus voll.

Wenn dann einer meiner jungen Männer oder Frauen, die ich betreute, endlich nach ein paar Monaten Begleitung bereit war auszusteigen, rief ich jeweils in einem dieser Häuser an. Die Antworten waren immer die gleichen: «Es tut uns leid. Wir haben im Augenblick keinen Platz frei. Vielleicht in zwei oder drei Monaten. Wir wissen das nicht so genau. Der Mann oder die Frau soll doch eine Bewerbung mit einem Lebenslauf schreiben.»

Ich war dann immer so enttäuscht, dass ich mich oft fragte, warum das alles so schwer sein musste. Denn jeder, der mit einem Drogensüchtigen zu tun hat, weiß, dass man die Ausstiegsmotivation kaum über zwei, drei Monate hochhalten kann. Nur ganz wenige konnte ich in diesen Therapiehäusern unterbringen. Ich betreute sie dort weiter, besuchte sie immer wieder. Wenn sie die Therapie wieder abbrachen, versuchte ich sie wieder neu zu motivieren.

Auch hier erlebte ich Misserfolge, Enttäuschungen, Freude, Siege und Niederlagen. Diese Momente und Gefühle lagen sehr nahe beieinander. Auf meiner Suche nach freien Plätzen in Therapie- und Entzugsstationen vermittelte ich manche dieser jungen Menschen auch in Häuser, die, wie sich im Nachhinein herausstellte, sehr unprofessionell, ja vereinnahmend arbeiteten. Ich erinnere mich vor allem an eine Institution, bei der die Leute fast ihrer ganzen Persönlichkeit beraubt wurden.

In meinem Eifer und in meinem «Glück», endlich jemanden gefunden zu haben, der meine Leute aufnahm, machte ich große Fehler. Aber es war ja so praktisch. Der Leiter des Hauses bearbeitete meine Anfragen völlig unbürokratisch. Ein Anruf genügte. Keine großen Fragen, keine Bewerbung, keine Kostengarantieabsprache, einfach so …

Im Nachhinein wurde ich dann schlauer. In meiner Begeisterung brauchte ich etwa zwei Jahre, bis ich merkte, dass diese Therapiestationen für unsere Leute nicht das Richtige waren.

Aber was sollte ich tun? Es gab einfach zu wenige Möglichkeiten für meine Schützlinge, die den Weg aus der Drogensucht gehen wollten. In dieser Not sprach ich oft mit Gott.

«Jesus, was soll ich denn tun?»

Eines Tages, als ich vor meinem Bett kniete und mit meinem Gott rang und redete, sah ich vor meinen geschlossenen Augen ein Bild. Ich sah verschiedene Häuser, die für ganz unterschiedliche Menschen Herberge bedeuteten. Entzugs- und Therapiestationen, ein Restaurant, Werkstätten, Alterswohnungen, Teenager- und Kinderhäuser. Ich sah ein ganzes Gebilde von verschiedenen Häusern und wie die Menschen aus diesen Häusern sich gegenseitig dienten. Ich sah, wie die Menschen aus der Therapiestation alten Menschen halfen oder für sie arbeiteten. Und ich sah, wie die alten Menschen wiederum Kinder hüteten. Ich sah eine große Stiftung, ein großes Werk mit vielen Menschen. Alles Menschen, die sich irgendwo am Rande der Gesellschaft befanden und hier wieder Sinn für ihr Leben und eine Arbeit bekamen.

Ja, ich sah die heutige Quellenhof-Stiftung im Endausbau …

Das Bild, das ich auf meinen Knien vor meinem Bett sah, war so klar, so begeisternd, dass ich, wie meist, wenn ich eine Vision habe, sofort ein paar Freunden davon erzählte. In diesem Fall vor allem Marcel und Ursi Mettler, die ähnliche Gedanken in ihren Herzen trugen. Auch sie wollten solche Häuser gründen und Menschen beherbergen. Ich erzählte ihnen und etlichen anderen von diesen Therapiehäusern, diesen Wohngemeinschaften, von diesen Orten der Geborgenheit – und der Erkenntnis, dass auch Menschen, die am Rande der Gesellschaft stehen, wertvoll sind.

Ich ließ meine Assistentin das, was ich gesehen hatte, auf einen Plan aufzeichnen und berief eine Ältestenratssitzung unserer Gemeinde ein. Ich erzählte den Ältesten mit Euphorie von meiner Vision, meinem Bild, zeigte ihnen den Plan und war überzeugt, dass sie alle mit Begeisterung sagen würden: «Ja, Johannes, das machen wir!»

Aber das Gegenteil war der Fall. Sie hörten mich an und sagten nach kurzer Beratung: «Johannes, das sehen wir nicht!»

«Warum seht ihr das nicht? Ich habe gebetet, ich habe dieses Bild gesehen. Betet ihr denn nicht richtig? Was ist mit euch los?»

Es war enorm schwierig, dieses für mich sehr dezidierte Nein zu akzeptieren, auch wenn sie es in Watte eingepackt hatten. In jenem Moment empfand ich meinen Ältestenrat als hart, ungeistlich und unreif. Ich nahm sie wahr als Menschen, die – aus meiner Sicht – offensichtlich nicht in der Lage waren, Gott zu hören.

In einem hatten sie Recht. Das ganze Projekt hätte wohl etwa zwanzig Millionen Franken gekostet, und wir waren eine Kirche mit ungefähr hundert Gemeindebesuchern. Dieses Projekt wäre viel zu groß gewesen. Trotzdem verstand ich die Ablehnung nicht. Ich hatte doch gesehen, wie dieses Projekt funktionieren könnte!

Enttäuscht ging ich dann nach Hause und überlegte mir ernsthaft, die Kirche zu verlassen und die Vision auf eigene Faust und mit anderen Leuten umzusetzen. Die Ältesten beteten in dieser Zeit viel für mich. Sie hofften, dass ich die Kirche nicht verlassen würde.

In den folgenden Tagen las ich in der Bibel, dass man sich der Leiterschaft unterordnen soll. Das war nun nicht gerade das, was ich wollte. Mit viel Schmerzen, mit viel innerem Widerstand und unter Zähneknirschen entschied ich mich aufgrund des Bibelwortes, meine Pläne wieder zu begraben.

Allen Menschen, denen ich bereits trotzig gesagt hatte, dass ich «so oder so» eine Stiftung gründen wollte, musste ich dann halt wieder das Gegenteil mitteilen: «Halt, wir machen es doch nicht.»

Gottes Bestätigung

Das war hart. Es kam mir vor wie beim Leiterspiel: zurück zum Start. Doch plötzlich ging mir ein Licht auf, und ich dachte: «Es beginnt mit einem einzelnen Haus und nicht gleich mit einem riesigen Areal.»

Ein paar Tage später rief ich Marcel Mettler an, von dem ich wusste, wie sehr ihn die Vision bewegte, dass ein Landstück seiner Eltern für das Reich Gottes eingesetzt werden könnte. Ich fragte ihn, ob er mitkommen wolle zum Gespräch mit seinen Eltern. Er verneinte, sagte mir aber, dass es für ihn ein Zeichen wäre, wenn das Land kostenlos zur Verfügung gestellt würde.

Ich stellte dann seinen Eltern die Vision vor, und damit begannen die Wochen der Entscheidung. Ich rief die Ältesten wieder zusammen und erzählte ihnen von diesem ersten Teilprojekt.

Sie nickten, sagten dann aber: «Johannes, das sieht zwar besser aus. Aber da muss schon noch etwas mehr Fleisch an den Knochen. Wir erwarten ein Bauprojekt inklusive Budget. Und es muss noch eine weitere Bestätigung von Gott kommen. Das Ehepaar muss dich in den nächsten Tagen oder Wochen anrufen und dir sagen: ‹Wir geben euch das Baurecht umsonst, ohne Pachtzins.› Wenn das so geschieht, sind wir überzeugt, dass dieses Projekt Gottes Wille ist.»

Diese Forderung zerriss mich beinahe. Wie sollte das geschehen? Ich darf dem Mann nichts sagen, ich darf ihn nicht bitten. Ich muss einfach warten. Das kann doch so nicht funktionieren. Aber siehe da, ein paar Tage später rief mich der Mann an und sagte:

«Johannes, ich habe mit meiner Frau gesprochen, und wir haben uns entschieden, wir möchten euch das Land gratis zur Verfügung stellen.»

Ich rief darauf die Ältesten wieder zusammen, und sie entschieden nach mehrstündigem Ringen: «Gut, Johannes, so kann es beginnen!» Das war der Startschuss für die heutige Quellenhof-Stiftung. Der Ältestenrat und auch andere Leute im Umfeld aus der Gemeinde, wie etwa mein Vater, bildeten einen Stiftungsrat.

Im November 1990 war es so weit, dass wir auf dem Notariat in Elgg, im Kanton Zürich, als Stiftungsrat erschienen und gemeinsam die Stiftungsgründungsurkunde der Quellenhof-Stiftung unterzeichneten. Ich werde diesen gewaltigen Moment nie mehr vergessen. Dies war sozusagen die Geburt meiner Vision. Es war der Anfang der Quellenhof-Stiftung.

Zum Nachdenken

Eine Vision von Gott zu bekommen und etwas im Herzen zu sehen, ist das eine. Den richtigen Zeitpunkt zum Handeln zu finden, ist das andere. Etwas zu sehen, einen Traum zu haben, heißt noch nicht, dass das Projekt schon reif ist. Vielleicht hast auch du Träume, fühlst dich in deinem Inneren von Zielen und Ideen bewegt. Gib nicht zu schnell auf. Bleib dran, rede mit Gott darüber, hab Geduld.

Manchmal braucht es Zeit. Es braucht den richtigen Zeitpunkt, den «Chronos». Das ist der Zeitpunkt, den Gott als richtig erachtet. Ich habe das auch aus der Bibel, aus dem Alten Testament, gelernt. Da wurde David zum König gesalbt. Er hatte die klare Vision von Gott – und auch die Salbung durch den Propheten –, dass er König werden würde. Aber es verstrichen viele Jahre, bis er dann wirklich gekrönt wurde.

Manchmal stimmt es mich echt traurig, wenn ich zusehen muss, wie gerade junge Menschen gute Visionen und Perspektiven für ihr Leben an die Wand fahren, weil sie der Sünde Raum geben. So verpassen sie das, was Gott für sie bereitgehalten hätte.

Hey, geh deinen Weg aufrichtig und ohne Kompromisse, und du wirst erleben, wie Gott deinem Leben eine Perspektive gibt.

Kapitel 12
Durch Tränen hindurch
wird ein Traum wahr

Im November 1990 war es also so weit, die Quellenhof-Stiftung wurde auf dem Notariat Elgg im Kanton Zürich geboren. Vom ersten Moment an dabei war Marcel Mettler zusammen mit seiner Frau Ursi. Marcel war zu jener Zeit noch «Verkaufsleiter Schweiz» einer weltweit tätigen Autovermietung. Aber auch er hatte bereits Feuer gefangen für unsere gemeinsamen Ziele.

Als Ehepaare kannten wir uns schon recht gut. Sie waren beide in der GvC, und die manchmal turbulenten gemeinsamen Hauskreisabende haben uns einander nähergebracht. Miteinander wollten wir jetzt diese Stiftungsvision umsetzen. Geld hatten wir sozusagen keines, dafür eine umso klarere Vision. Wir hatten ein begeisterndes Bild in unseren Herzen von dem, was einmal werden und kommen würde.

Ich verlor keine Zeit und begann sofort damit, diese Vision in der Gemeinde zu verankern. Gemeinsam gelang es uns, Helfer und auch viele ehrenamtliche Mitarbeiterinnen und Mitarbeiter zu gewinnen. Zudem brauchten wir Menschen, die bereit waren, ihre Finanzen in die Stiftung zu investieren. Es machte mich enorm glücklich, dass das erste Geld, das die GvC sammelte, nicht für ein Kirchengebäude bestimmt war, sondern für ein Zuhause für Menschen am Rande der Gesellschaft.

Wir planten nun also dieses erste Haus. Wir hatten ein klares Konzept: Begleitetes Wohnen für Menschen, die auswärts arbeiteten, aber trotzdem Hilfe brauchten. Ursi und Marcel Mettler sollten die ersten Hauseltern sein.

Das Baugesuch wurde eingereicht. Eigentlich hätte es jetzt nur noch vorwärts gehen können. Aber nein, so einfach sollte es nun doch nicht werden. Es gab heftigen Widerstand durch die Bewohner dieses Viertels. Unser geplantes Gebäude stand mitten in einem Wohngebiet mit Einfamilienhäusern. Zu jener Zeit hatten alle Angst vor Menschen, die aus der Drogenszene kamen. Und leider hatten wir es verpasst, unsere Absichten rechtzeitig den zukünftigen Nachbarn persönlich zu kommunizieren. Und so wollte niemand unser erstes Haus der Quellenhof-Stiftung in seinem Wohngebiet haben.

Wir mussten einige Gespräche führen und das Vertrauen der Menschen gewinnen. Ich war sehr dankbar, dass wir uns dann doch noch einigen konnten. Dieses Ja der Nachbarn kam auch deshalb zustande, weil der Pfarrer der reformierten Kirchengemeinde hinter dem Projekt stand. Gott hatte uns durch ihn einen Fürsprecher geschenkt, mit dem wir vorher nicht gerechnet hatten.

Der erste Spatenstich war bewegend, so symbolisch für all das, was noch kommen sollte. Dann kam die Bauzeit, und viele freiwillige ehrenamtliche Mitarbeiter halfen mit.

Bei der Einweihung des Quellenhofes setzten wir einen Stein, den wir «Ebenezer» nannten. Ein Name aus dem Alten Testament. Er bedeutet: Bis hierher hat der Herr geholfen. Diesen Namen haben wir auf eine Plakette graviert, die wir dann auf den Stein montierten. Dieses «Denkmal» ist bis heute noch zu sehen, rechts vom Eingang zum Quellenhof.

Wie oft standen wir später vor diesem Stein! Wenn wieder einmal alles zusammenzubrechen drohte, machte er uns Mut.

Der Tag der Einweihung war ein Freudentag. Zu der Zeit ahnten wir noch nichts von den Schwierigkeiten, die auf uns zukommen sollten. Das war auch gut so. Hätten wir damals schon alles gewusst, ich glaube, wir hätten sofort wieder aufgegeben. Aber nun: Unser Haus für begleitendes Wohnen war fertig!

Marcel hatte seinen gut bezahlten Job aufgegeben und arbeitete jetzt zu 100 % für dieses Projekt. Der erste Bewohner war extrem drogenabhängig, absolut nicht arbeitsfähig und HIV-positiv. So hatten wir uns das nicht vorgestellt. Ehe uns das so richtig bewusst wurde, war der Quellenhof schon vom ersten Tag an ein Voll-Therapiehaus.

Und damit begannen die Schwierigkeiten. Zuerst einmal für die Hauseltern Ursi und Marcel, die mit den ersten Bewohnern und ihrer jungen Familie viele, sehr viele Schwierigkeiten hatten. Es ging täglich darum, irgendwelche Unmöglichkeiten zu überwinden. Nicht nur ihre drogenkranken Bewohner brachten sie an den Rand ihrer Kräfte. Auch als Ehepaar hatten sie viele Kämpfe, und als Familie hatten sie kaum die Kraft, sich um ihre eigenen Bedürfnisse zu kümmern.

Bald zeigten auch die ersten ihrer Mitarbeiter, dass sie ausgebrannt und kraftlos waren. Ehrlich gesagt, die Anfangszeiten dieses noch jungen Werkes wirkten eher wie ein Desaster. Aber sicher nicht wie ein Ort, an dem Menschen sich wieder neu orientieren konnten.

Theoretisch hätte alles zusammenstürzen müssen, aber die Vision war da. Der Traum war und blieb hellwach. Wir wollten nicht aufgeben, auch wenn wir oft für den nächsten Tag keine Perspektive mehr hatten.

Ganz schwer war der Tod von einem unserer ersten Therapieteilnehmer. Der junge Mann, den meine Frau und ich über rund zwei Jahre betreut hatten, starb in einer Badewanne des Quellenhofs. In jener Nacht klingelte das Telefon bei uns zu Hause, und eine Mitarbeiterin von Marcel sagte: «Johannes, du musst kommen. Wir haben einen Toten.»

Ich war zutiefst erschrocken. Auf dem Weg zum Therapiehaus schossen mir Tausende von Gedanken durch den Kopf. Als ich ankam, sah ich Polizeiautos und einen Krankenwagen. In Tränen aufgelöste Mitarbeiter empfingen mich, und R. lag tot in der Badewanne. Eine Überdosis Heroin.

Ich sehe heute noch die Gesichter, die Tränen, das Schluchzen, die Verzweiflung und die Trauer unserer Mitarbeiter. Unsere Gedanken drehten sich darum, ob wir nicht besser aufgeben und das Therapiehaus wieder schließen sollten. War das alles nicht doch eine Nummer, zehn Nummern, hundert Nummern zu groß? Hatten wir uns da nicht zu viel vorgenommen?

Nein! Wir hatten unsere Vision. Wir hatten unser Bild von einer anderen Zukunft vor Augen. Nein, aufgeben wollten wir trotz dieses ersten Drogentoten nicht.

Später kam dann noch der Tod von A. hinzu, einem Mann, der jahrelang Heroin konsumierte. Während mehrerer Jahre hatte ich ihn begleitet und ihm verschiedene Therapien vermittelt. Ich war mit ihm auf der Intensivstation und habe viele Nächte bei ihm im Krankenhaus verbracht. Später kam er dann zu uns in die Therapie. Einige Monate nach dem Therapieaustritt erhielt ich einen Anruf. Man teilte mir mit, dass A. auf der Türschwelle bei seinen Eltern an einer Überdosis Heroin gestorben war.

A. starb zwar nicht in unserem Therapiehaus, aber für uns war es wieder ein riesiger Schmerz. Wieder einer, in den wir investiert und den wir von Herzen lieb gewonnen hatten. Wieder einer, von dem wir geglaubt hatten, wir hätten unser Bestes gegeben. Und wieder einer, der es nicht geschafft hatte. Wieder eine Niederlage. Wieder eine Beerdigung. Wieder eine Trauergemeinde. Wieder einer, bei dem ich selbst den Trauergottesdienst zu halten hatte.

Dies waren die schwersten Momente. Hoffnungslos, traurig. Und es sollten noch weitere Dramen folgen.

In unserem Haus für begleitendes Wohnen am Oberen Deutweg in Winterthur lebte ein Ehepaar, das die Therapie im Quellenhof bereits hinter sich hatte. Sie waren in der Wohngemeinschaft integriert, und alle waren optimistisch und glaubten, dass die beiden den Weg zurück in die Gesellschaft schafften. Doch dann wurde ich mit einem Telefonanruf darüber informiert, dass der Mann nach einem großen Streit mit seiner Ehefrau an einer Überdosis im Bett gestorben war.

Einmal mehr waren wir bestürzt, wir hatten alle Tränen in unseren Augen. Ich leitete den Abschiedsgottesdienst. Keine zwei Wochen später klingelte das Telefon wieder. Nun war auch seine Frau an einer Überdosis in der gleichen Wohnung gestorben. Sie war, wie seinerzeit R., in der Badewanne ertrunken. Und so kam es, dass ich innerhalb von zwei Wochen zwei Beerdigungen vor der gleichen Trauergemeinde und vor der gleichen Verwandtschaft hatte. Was für eine Niederlage!

In dieser Zeit wollten wir eines unserer nächsten Häuser bauen. Wir wollten im alten Pferdestall ein Teenager-Haus einrichten. Das Gebäude hatten wir schon gekauft, aber wir mussten es natürlich noch umbauen. Ich reichte das Baugesuch ein. Von Seiten der Denkmalpflege kamen große Auflagen, und mit den Auflagen kam dann auch eine Bauverweigerung der Behörde.

Diesmal war ich froh, dass uns der Umbau verweigert wurde. Innerlich atmete ich tief durch, denn ich war müde. Einfach nur müde. Ich mochte nicht mehr, hatte keine Pionierkraft mehr. Also legte ich alles zurück in die Schublade und war tatsächlich dankbar, dass dieses neue Projekt an verschiedenen Unmöglichkeiten scheitern sollte. Wir hatten keine Baubewilligung, Geld war auch keines in Aussicht. Wobei Geld bei unseren Projekten eigentlich nie im Voraus da war.

In diese Müdigkeit hinein erhielt ich einen Anruf von einer Frau, die schon früher unsere Quellenhof-Stiftung unterstützt hatte. Diese Frau sagte zu mir: «Herr Wirth, ich habe gehört, dass Sie da eine weitere Vision haben. Sie wollen da noch etwas eröffnen. Was ist los? Machen Sie es, oder machen Sie es nicht?» Ich erklärte ihr die aktuelle Situation.

«Es gab eine Bauverweigerung, und wir haben sowieso kein Geld. Nein, mit diesem Projekt geht gar nichts.»

Die Frau, die für eine säkulare Stiftung arbeitete, entgegnete: «Herr Wirth, geben Sie Ihre Vision nicht auf. Arbeiten Sie weiter daran. Gehen Sie mutig voran. Wenn Sie es tun, gibt unsere Stiftung die ersten hunderttausend Schweizer Franken dafür.»

Enorm, wie jemand von außen mir helfen musste, damit ich meine Vision wiederfand. So hatte ich dann auch wieder Energie und Kraft, um meinen Traum weiterzuverfolgen. Wir arbeiteten ein neues Bauprojekt aus, gaben dieses erneut ein und erhielten dann die Bewilligung. Und so entstand das Teenager-Wohnhaus.

Zum Nachdenken

Manchmal sind die Enttäuschungen und Schwierigkeiten gewaltig, manchmal steigt der Preis für die Visionsumsetzung in schwindelerregende Höhen. Manchmal liegen wir am Boden und wollen einfach nur noch unsere Ruhe haben, nicht mehr kämpfen. Wir denken nur noch ans Aufhören.

Manchmal steigt die Angst vor erneuten Rückschlägen bis ins Unerträgliche. Dann brauchen wir Freunde, echte Freunde, die uns ermutigen, die mit uns aufstehen und mit uns weitergehen.

Großartig auch, wie der himmlische Vater manchmal sogar außenstehende Menschen gebraucht, um uns an das zu erinnern, was er uns aufgetragen hat.

Habe ich Freunde, die mich ermutigen? Oder bin ich ein Freund, der andere ermutigen könnte?

Kapitel 13
Freundschaft, die trägt
Von Marcel Mettler,
Geschäftsführer der Quellenhof-Stiftung

Freundschaften waren in meinem Leben schon immer wichtig. Wenn ich an die letzten zwanzig Jahre als Leiter der Quellenhof-Stiftung denke, waren intakte Freundschaften einer der Hauptgründe, dass ich nicht aufgegeben habe beim Kampf um Menschenleben am Rande der Gesellschaft.

Dabei spielte die Freundschaft zu Johannes und seiner Frau, zu den Stiftungsräten und zu den anderen Leitern der Stiftung eine wichtige Rolle. Gott hat in seiner weisen Voraussicht schon lange vor der Gründung der Stiftung begonnen, die freundschaftlichen Bande zu Johannes zu vertiefen. Vor 25 Jahren suchte ich mit meiner Frau Ursi eine Kirche, in der wir beide uns zu Hause fühlen würden. Dabei landeten wir in der GvC.

Unsere erste Einladung in dieser Gemeinde war ein Nachtessen bei Wirths. An diesem Abend fanden wir heraus, dass wir beide eine berufliche Vergangenheit in der Sportbranche hatten, und wir spürten dieselbe Leidenschaft, Menschen mit Gottes Liebe in Berührung zu bringen.

Später in unseren gemeinsamen Hauskreisabenden lernten wir aber auch, dass unterschiedliche Meinungen nichts Trennendes sind. Diese Beziehungsbasis half uns dann während der turbulenten Aufbaujahre in der Stiftung, in denen wir viele Fehler machten. Das gegenseitige Vertrauen verlieh uns immer wieder Flügel und gab uns auch den Mut, gegenseitig heikle Themen anzusprechen.

Freundschaft, ehrlich und herausfordernd

Während der schwierigen Zeiten in unserer Ehe hatte Johannes deshalb den Mut, mich zu fragen, wie es mit meiner Treue stehe. Ich war dankbar, dass Johannes diese Frage gestellt hatte, denn sie förderte meine Wachsamkeit in diesem Bereich noch weiter. Ich war froh, antworten zu können, dass ich trotz Krise einzig und alleine auf meine Frau ausgerichtet sei. Noch heute sind meine Frau und ich froh um die Unterstützung unserer Freunde in dieser Zeit. Es tut einfach gut zu wissen, dass man auch in Krisenzeiten nicht alleine dasteht.

Es gab aber auch Momente, in denen ich den Eindruck hatte, Johannes oder der gesamte Stiftungsrat blickten absolut nicht durch (und manchmal taten sie es wohl auch wirklich nicht ☺). In solchen Momenten war für mich entscheidend, mich bei aller Freundschaft unter seine Leitung unterzuordnen und weiterzugehen. Dabei half mir meine Erfahrung, zu wissen und zu schätzen, dass unsere Unterschiedlichkeit befruchtend für den Auftrag ist, den Gott uns mit der Quellenhof-Stiftung gegeben hat.

Ja zur Abhängigkeit ...

Die zweite und noch wichtigere Freundschaft, die mich durch die zwanzig Jahre Kampf für Menschen in Not durchgetragen hat, ist meine Freundschaft zu Jesus. Auch diese ist geprägt durch das Vertrauen, und zwar so, wie es in Johannes 15,5 beschrieben ist: «Ich bin der Weinstock, ihr seid die Reben. Wer bei mir bleibt, wie ich bei ihm bleibe, der trägt viel Frucht. Denn ohne mich könnt ihr nichts ausrichten.» Genau diesen Vers hatte ich von Gott erhalten, als ich die Stiftung in verschiedenen Kirchen, gemeinsam mit dem Vizepräsidenten, präsentierte. Doch was dieser Vers wirklich bedeutet, sollte ich erst später erfahren.

Ich habe von Gott viele Talente, viele Begabungen geschenkt bekommen. Dadurch war ich in der Schule, im Sport, in der Wirtschaft und in der Kirche «erfolgreich» und meistens der Jüngste in meiner Position. Ich machte dank dem Einsatz dieser Talente und mit viel Fleiß rasch Karriere.

Dass dies alles nicht reicht, erlebte ich nach den ersten Monaten mit 70-Stunden-Wochen und Einsatz bis zum Umfallen im Quellenhof. Ich merkte, dass all meine gottgeschenkten Fähigkeiten nicht mehr ausreichten, und stand vor der Wahl: aufgeben oder anerkennen, dass ich ohne die Hilfe von Jesus nichts, aber auch gar nichts tun kann.

Ich habe die Lektion begriffen, und sie wird mir auch immer wieder in Erinnerung gerufen. Denn je mehr die Stiftung wächst, desto weniger reichen unsere Talente und Begabungen. Jesus will (und wollte) keine 70 Wochen-Arbeitsstunden von mir, sondern mein Vertrauen. Jedes Ja zur Abhängigkeit ist ein Zeichen der Demut und des Vertrauens meinem Gott gegenüber. Diese Entschlüsse lassen mein Vertrauen wieder ein Stück wachsen, und ich lerne, dass es reicht, mein Bestes zu geben. Wenn ich meine Arbeit in dieser Haltung angehe, kann ich das aus allem hervorgehende Resultat getrost Gott überlassen.

Diese Haltung rückt auch die Relationen meiner therapeutischen Aufgaben immer wieder zurecht: Ja, mein Schöpfer will mich gebrauchen, um den Menschen Würde, Hoffnung und Perspektive zu geben. Doch letztlich ist *er* die Quelle der Liebe, welche Veränderung in einem Menschenleben bewirkt. Auch so schmerzt es mehr als genug, wenn Menschen Rückfälle haben, sich von ihrem Vater im Himmel wieder abwenden und aufgeben.

Doch mein Ja zur Abhängigkeit hilft mir, diesen Schmerz auszuhalten und Menschen in ihren Zielverfehlungen (eine Bezeichnung für Sünde, die ich für sehr treffend halte) besser zu verstehen. Ich spüre, dass meine Freundschaft zu Jesus immer mehr wächst.

So hat Gott es fest in mein Herz geschrieben, dass es bei ihm keine hoffnungslosen Fälle gibt. Mit dieser Gewissheit im Herzen will ich noch bei vielen Menschen erleben, wie ihre matten Augen wieder zu leuchten beginnen und sie wieder Lebensmut und Freude erhalten für ihren Lebensweg. Ich will weitergehen, indem ich auf Jesus schaue, den Anfänger und Vollender des Glaubens. Denn ohne ihn kann ich nichts tun – heute weiß ich, was das bedeutet!

Zum Nachdenken

Immer wieder erleben Johannes und ich, wie Kirchen ihren diakonischen Auftrag an Profis auslagern oder sich Diakoniewerke verselbständigen und nicht mehr in eine Kirche integriert sind. Wir glauben, dass im Miteinander der Verkündigung von Gottes Liebe und dem praktischen Dienen noch heute eine große Kraft liegt. «Suppe, Seife, Seelenheil», so nannte der Heilsarmeegründer William Booth dieses Prinzip. Heute heißt es für uns: Würde geben, Hoffnung wecken, Perspektiven schaffen … damit das Leben wieder Sinn macht.

Kapitel 14
Bürogebäude, Personalkantine, Zirkuszelt, Parkarena

Als Kirche waren wir in der Gründungszeit der Quellenhof-Stiftung in verschiedenen Räumen eingemietet. Da waren die Büroräume und ein kleiner Saal in einem kalten Geschäftshaus. Und vis-à-vis davon, in einem abgetakelten Lagergebäude, hatten wir im ersten Stock einen alten Saal mit knarrendem Boden, und im Parterre unten war ein Jugendtreff. Wir liebten diesen Saal, auch wenn er uralt war und alles geflickt werden musste. Im Winter war es dort sehr kalt und im Sommer sehr, sehr heiß. Man könnte sagen, es war irgendwie so ein «Pionierraum».

Aber es war schon länger klar, dass dieses Gebäude einer Altersresidenz weichen sollte. Also machten wir uns daran, nach neuen Räumen Ausschau zu halten. Die Suche nach Räumlichkeiten für eine Kirche ohne Geld gestaltete sich verrückt. Ich weiß nicht mehr, wie viele Objekte wir angeschaut haben. Immer wieder dachten wir: «Das ist es!» Immer und immer wieder gingen wir durch die unterschiedlichsten Gebäude. Manchmal waren wir fast etwas verzweifelt.

In der Hoffnung, endlich etwas zu finden, waren wir schon beinahe bereit, die vertracktesten und unmöglichsten Angebote ernst zu nehmen. Wir hatten ja keine Ahnung, was unser Gott wollte. Wir waren eine Kirche mit etwa 130 Gottesdienstbesuchern, und wir wussten nicht, wie groß unsere neuen Räumlichkeiten sein sollten.

Dann endlich fanden wir etwas in Winterthur, nahe bei den Eulachhallen. In unseren Augen ein perfektes Objekt. Ein gewaltig tolles Haus, genau zugeschnitten für uns und sogar noch mit einer Penthouse-Wohnung mit Swimming-pool auf der Dachterrasse versehen.

Wir führten die Verhandlungen, wir sammelten Geld in der Kirche, wir einigten uns mit dem Verkäufer auf den Kaufpreis. Eigentlich war alles abgemacht. Wir fixierten den Termin auf dem Grundbuchamt zur Überschreibung des Projekts. Alles war klar, wir freuten uns und erzählten es so in der Gemeinde.

Ein paar Tage vor der Überschreibung erhielten wir einen Anruf. Es war der Verkäufer, mit dem wir verhandelt hatten. Er teilte uns mit, dass er das Gebäude nun anderweitig verkauft hätte und die Liegenschaft bereits überschrieben worden sei. Innerhalb von vier Tagen hatte jemand uns dieses perfekte Objekt vor der Nase weggeschnappt.

Diese Person, hinter der eine Firma steckte, hatte über eine Insider-Information der Stadt Winterthur von unseren Kaufabsichten Wind bekommen.

Was war ich wütend! In mir brodelte es. Ich schrie, drohte, diesen Typen hochgehen zu lassen. Ich tobte und schimpfte bei unserem Ältestenrat über diese Ungeheuerlichkeit. Da sagte unser Finanzverwalter, Daniel Bärtschi, in seiner gemächlichen Berner Art: «Johannes, wir glauben doch an Führung. Wenn Gott zugelassen hat, dass uns dieses Gebäude weggeschnappt wird, dann war es nicht das richtige.»

Das half wenig, um meinen Zorn zu dämpfen. Aber ich unterließ es, diesem Mann und seiner Firma irgendwie zu schaden. Ein Jahr später rief ich ihn dann aber an und sagte: «Ich danke Ihnen herzlich, dass Sie uns seinerzeit dieses Gebäude vor der Nase weggeschnappt haben. Es war gut so. Wir haben etwas gefunden, von dem wir zuvor niemals zu träumen gewagt hätten.»

Es war die ehemalige «Mittlere Mühle» in Winterthur-Hegi. Auf diesem Areal stehen heute alle unsere Kirchengebäude und ein Teil unserer Stiftungseinrichtungen. Die alte «Müli» hatte lange Zeit als Lehrlingsheim gedient, jetzt stand das Haus schon sieben Jahre leer und war unter den Fittichen der Denkmalpflege.

Die Auflagen der Gebäudeschützer waren so groß, dass kaum jemand mit der Liegenschaft etwas hätte anfangen können. Deshalb bekamen wir sie sehr, sehr günstig. Wir hatten jetzt ein Gebäude mit Gemeinschaftsräumen und Wohnungen, aber wir hatten keinen Saal.

Für einige Zeit konnten wir das Personalrestaurant der Firma Sulzer für die Sonntage mieten. Samstags räumten wir das Restaurant aus, fegten die Pommes Frites, den Staub und den Dreck zusammen, trugen die Tische hinaus und stellten Stühle und die Sound-Anlage hinein. Wir feierten unsere Gottesdienste, und jeden Sonntagabend trugen und bugsierten wir alles wieder zurück, damit am Montag das Personal-Restaurant wieder funktionieren konnte.

Neben dem Mühle-Gebäude war noch etwas Land, und wir dachten, dass wir auf einer speziellen Parzelle dieses Landes einen Saal aufstellen könnten. Wir reichten die Baubewilligung ein, es kam eine Bauverweigerung. Wieder war ich wütend auf die Bürokratie. Ich konnte diesen Entscheid nicht verstehen. Aber er war richtig, denn es wäre der falsche Saal gewesen – und vor allem viel zu klein.

Einige Zeit später konnten wir noch etwas Land dazukaufen. Ebenso die «Zehntenscheune». In diesem ehemaligen Pferdestall konnten wir eine Cafeteria und verschiedene Nebenräume einbauen. Und auch der 350-plätzige «Mülisaal» konnte gebaut werden. Als wir den Saal einweihten, hatten wir sonntags nur einen Gottesdienst, das reichte. Mit der Zeit gab es einen zweiten. Bald wurde es zu eng.

In diesen Jahren hatte ich einen Traum. Darin sah ich mich in einem Zirkuszelt auf einem Pferd predigen. Der Traum war so klar, dass ich dachte, er habe irgendwie etwas zu bedeuten. Aber ich wusste nicht, was. Ich dachte: «Vielleicht werde ich am Karfreitag oder an Ostern, wenn der Zirkus Knie in Winterthur weilt, in diesem Zelt predigen.» Ich fragte meine Pastorenkollegen und Pfarrer aus Winterthur, ob wir einmal das Zelt mieten wollten. Aber sie mochten nicht, waren überzeugt, dass an Ostern sowieso viele Leute weg wären.

Ich schob diesen Traum auf die Seite, weil ich nicht wusste, was ich damit anfangen sollte. Doch der Mülisaal füllte sich immer mehr, die Platzverhältnisse wurden immer beengter. Wir versuchten sogar, Gottesdienste am Freitag oder am Samstag anzubieten, aber irgendwie wollte das nicht klappen.

Mit ein paar Ältesten unserer Kirche fuhr ich zu einem Kongress. Dabei sprach der Gründer der Willow-Creek-Gemeinde, Bill Hybels, über wichtige Aspekte im Zusammenhang mit Gottesdiensten. Er erklärte ganz klar, dass wir bei Platzmangel nicht versuchen sollten, die Leute in «schlechtere Gottesdienstzeiten» zu verschieben. Wir müssten einfach, egal, was es koste, Platz schaffen.

Ich saß da, und wie von einem Blitz getroffen kam mir wieder mein Traum vom Zirkuszelt in den Sinn. Ich drehte mich zu den Ältesten um und sagte: «Mir kommt mein Traum wieder in den Sinn. Ich glaube, wir müssen ein Zirkuszelt kaufen.»

«Zirkuszelt kaufen? Aha!»

Als ob das die einfachste Sache der Welt wäre. Wo kauft man ein Zirkuszelt? Wie bekommt man eine Bewilligung?

Wie macht man die Kinderarbeit um das Zirkuszelt herum? Wie heizt man ein Zirkuszelt, das längere Zeit dastehen soll? Wie konstruiert man den Boden, so dass man keine kalten oder nassen Füße bekommt? Fragen ohne Ende.

Zusammen mit ein paar Leuten aus der Kirche begann ich, ein Zirkuszelt zu suchen. Beim Zirkus Monti wurden wir fündig und kauften eines seiner beiden Zirkuszelte. Wir kauften Container, die wir günstig von der schweizerischen Expo-Ausstellung bekamen. Diese nutzten wir für die Kleinkinderarbeit. Wir konnten von der Firma Sulzer einen großen Kiesparkplatz mieten, um unser Zelt aufzustellen. Dieser Platz war nur gerade drei Minuten vom Mülisaal entfernt.

Wir hatten vorher mit den Behörden alles abgeklärt und erhielten die mündliche Zusage, dass eine Bewilligung möglich sei. Wir reichten also das definitive Baugesuch ein und bekamen schon bald die Antwort: eine Absage, ein Nein! Ein Zirkuszelt für ganze zwei Jahre aufzubauen, es permanent stehen zu lassen und regelmäßig zu nutzen, so etwas hätte es noch nie gegeben. Zirkuszelte könnten nur für ein paar Wochen aufgestellt werden.

Das war nun wirklich eine typische Beamtenantwort.

Und es war eine wirklich dramatische Situation. Ich hatte in der Gemeinde bereits rund 170 000 Franken für das Zirkuszelt, für die Infrastruktur, für die Stühle, für die Sound-Anlage und für die Container gesammelt. Alles war gekauft und bestellt. Und jetzt diese Bauverweigerung. Da gab es einiges zu beten. Alles, was wir bestellt hatten, das Zelt und die Container, einfach alles sollte zwischen Weihnachten und Neujahr angeliefert werden.

Ein paar Tage vor Weihnachten kam dann doch noch ein Anruf von der Stadt. Per Telefon wurde uns mitgeteilt, dass wir die Bewilligung erhalten und wir unser Zelt nun doch aufstellen könnten. Sie hätten es sich noch einmal überlegt. Die Bewilligung wurde für zwei Jahre erteilt, aber nicht länger.

Kirche im Zirkus

Und so erlebten wir für ein paar Jahre unsere Gottesdienste im Zirkuszelt. Es war eine unerhört starke Pionier-Atmosphäre in diesem Zelt. Aber es gab auch enorme Schwierigkeiten zu lösen. Ich denke da an die Frage der Hitze. Wir konnten unser Zirkuszelt nicht richtig lüften, und im ersten Sommer wurde es so heiß, dass man es fast nicht aushielt.

Doch einer unserer Bauern hatte die Idee mit dem Rasensprenger. Er kam zu mir und meinte: «Johannes, ich habe zu Hause noch ein paar Rasensprenger. Die montieren wir aufs Dach, und wenn es heiß ist, lassen wir diese Wassersprenger laufen. Das herunterfließende Wasser kühlt dann das Zelt.»

Das war eine der besten Air-Condition-Anlagen, die ich mir vorstellen konnte. Ein anderer Landwirt besorgte uns dann für den nächsten Sommer ein riesiges Heugebläse. Dieses stellten wir vorne auf die Bühne, und so konnte die Luft doch etwas mehr durch das Zirkuszelt zirkulieren. Es war genial, wie die verschiedensten Leute mit ihren unterschiedlichsten Gaben die kuriosesten Ideen hatten und so mithalfen, dass die Gottesdienste in unserer Zirkuszeit zu einem unvergesslichen Erlebnis wurden.

Auch im Winter gab es immer viel zu tun. Wir wussten genau, dass auf dem Zirkuszelt nie viel Schnee liegen durfte. Wenn es nachts zu schneien begann, wenn der Wetterbericht große Schneemengen prophezeite, war mein Schlaf meist sehr oberflächlich; ich stellte den Wecker zu jeder Stunde. Ich schaute dann immer aus dem Fenster und war jeweils glücklich, wenn es nicht zu stark schneite. Zweimal gab es Nacht-Aktionen. Wir mussten dann jeweils das Zeltdach über mehrere Stunden von der schweren Last befreien, bevor es in sich zusammengesunken wäre.

Unsere Zirkuszeit war sehr herausfordernd. Für die Menschen war es genial. Das Zelt war ein Magnet, ein richtiger Anziehungspunkt. Natürlich gab es auch Widerstände und Lärmbeschwerden der Nachbarn. Manchmal stürmte es so heftig, dass wir Angst um das Zelt hatten, und manchmal fiel die Heizung aus. Dann galt es, jeweils kurzfristig alle Leute irgendwie in den Mülisaal zu pferchen und die Kids-Church auszulagern. Das Ganze war verrückt! Aber so genial verrückt, dass die Kirche wuchs und wuchs.

Die Zeit mit dem Zirkuszelt war gewaltig! Aber es war halt doch nur ein Provisorium. Uns war klar, dass wir es nach zwei Jahren abbrechen müssten. Wir bekamen dann noch einmal eine Verlängerung für ein drittes Jahr. Allerdings mit dem unmissverständlichen Zusatz: «Endgültig letzte Verlängerung». Wir nahmen dann mit der Firma Sulzer Verhandlungen auf und suchten gemeinsam einen Bauplatz für einen großen Saal.

Wie immer, wenn wir etwas bauen wollten, hatten wir auch bei diesem Projekt Schwierigkeiten. Zuallererst hatten wir natürlich wieder kein Geld. Um aber als Verhandlungspartner überhaupt ernst genommen zu werden, brauchte ich eine finanzielle Basis. Also informierte ich erst mal die Gemeinde.

«Hört mal, Brüder und Schwestern, wir brauchen Platz für unsere Freunde. Wir brauchen Platz, damit wir nach unserem Zirkuszelt wieder einen Ort haben, um Menschen einladen zu können. Ich kann aber nicht mit der Firma Sulzer verhandeln, ohne auch wirklich etwas Kapital bereitzuhaben. Ich brauche innerhalb der nächsten drei Monate eine Million Franken. Einfach, damit ich etwas in der Hand habe.»

Wir waren keine reiche Kirche, und wir sind es auch heute noch nicht. Wir haben viele Menschen aus Randgruppen in unserer Gemeinde. Trotzdem legten die Menschen das Geld zusammen. So hatten wir innerhalb kürzester Zeit diese Million beieinander.

Die Parkarena zieht Kreise

So kam es also, dass wir an unserer großen Vision weiterarbeiten konnten, und wir kauften dann ein Grundstück, 10 500 Quadratmeter groß. Die eine Hälfte kaufte die Quellenhof-Stiftung für ihren Hauptsitz und die Werkstätten, die andere Hälfte unsere Gemeinde. Einmal mehr ging es um die Finanzierung. Dabei kam unsere Hausbank zum Schluss: «Herr Wirth, es tut uns leid, wir wollen das nicht finanzieren. Es ist ein zu großes Risiko.»

Wir hatten schon einige Banken angefragt, die letzte gab uns dann grünes Licht und sagte: «Wir glauben daran, dass dieses Vorhaben zum Erfolg wird.»

Jetzt raste die Zeit. Wir gaben das Projekt ein. Natürlich gab es auch hier wieder eine Bauverweigerung – wegen irgendeiner Autobahn, die irgendwann einmal in zwanzig Jahren gebaut werden sollte. Aber dann kam letztlich doch wieder die Bewilligung, und wir wussten von diesem Moment an, dass wir noch acht Monate Zeit hatten, um die Parkarena zu bauen.

In unserem Budget hatten wir leider vieles nicht einkalkuliert beziehungsweise konnten wir verschiedene Budgetposten nicht voraussehen. Zum Beispiel eine halbe Million für die Umsetzung der Auflagen der Feuerpolizei. Jedenfalls kostete der Bau der Parkarena viel mehr Geld, als wir berechnet hatten.

Mit jedem Monat nahm der Druck zu: Da waren der wachsende Finanzdruck, aber auch der Zeitdruck, denn das Zirkuszelt musste ja definitiv weichen. Würde es so weit kommen, dass wir einige Monate lang ohne Räume auskommen müssten?

Bald kamen die ersten Leute zu mir und meinten: «Gell, Johannes, wir werden nicht rechtzeitig fertig? Das schaffen wir nie!»

Ganz ehrlich, manchmal glaubte ich tatsächlich selber auch nicht mehr so richtig daran. Aber ich wusste, dass meine Worte in dieser Situation so etwas wie eine Parole sein würden. Es galt nun zu motivieren und immer das große Ziel vor Augen zu halten. Und so kam es, dass viele Freunde aus der Kirche Tag und Nacht arbeiteten.

Nach acht Monaten war die Parkarena fertig, ein Kongresszentrum mit 1250 Plätzen.

Die Einweihung unseres Kirchen- und Kongresszentrums war ein gewaltiger Moment. Ich stand auf dieser Bühne und sah, wie zum Schluss doch alles aufgegangen war: das Geld, die Zeit, die Motivation. Was für ein einmaliger Moment! Ich sah die Menschen aus unseren Therapiehäusern, aus unserer Entzugsstation, aus unserem Teenager-Wohnhaus. Sie alle waren da. Und ich wusste, es hatte sich gelohnt, nie, nie aufzugeben bis zu diesem Tag.

Kurze Zeit nach der Einweihung der Parkarena hatte ich wieder einen Traum. Darin begegnete mir ein Mann. Ich kannte ihn von früheren Begegnungen. Ich sagte zu ihm: «Hi, David, ich hatte den Auftrag von Gott, eine Gemeinde zu gründen.»

Er sagte: «Johannes, du hast nicht den Auftrag, eine Gemeinde zu gründen. Du hast den Auftrag und die Kapazität, *mehrere* Gemeinden zu gründen.»

In der Zwischenzeit kannte ich mich mit meinen Träumen aus. Ich konnte unterscheiden, ob ich am Verarbeiten oder am Wünschen war. Und ich weiß heute, ob Gott mit mir redet wie damals, als ich vom Zirkuszelt oder von der Quellenhof-Stiftung träumte – oder ob er nicht redet.

Vor zehn Jahren hatte ich eine Gemeinde in Bassersdorf gegründet. Aber seither hatte sich gemeindebaumäßig nicht mehr viel bewegt. Ermutigt, ja angestachelt durch meinen neusten Traum, gründete ich dann zuerst die GvC-Chile in Wil und zwei Jahre später die GvC-Chile im Zürcher Oberland. Gerade jetzt, während ich dieses Buch schreibe, haben wir uns entschieden, die GvC Frauenfeld zu gründen. Für alle neuen Projekte fand ich immer die richtigen Verantwortlichen.

Diese Gemeindegründungen waren und sind alles andere als einfach. Jedes Mal muss ich Abschied nehmen von lieben Menschen, die mit mir zusammen Kirche gebaut haben, aber auch von Verwandten, die an und in den neuen Kirchen mitbauen. Innerlich habe ich jedes Mal um das Wachstum dieser «Baby-Kirchen» gezittert.

In solchen Zeiten gilt es, Sorge zu tragen, dass die Heimatgemeinde, die Hauptkirche, nicht vernachlässigt wird. Diese neuen Gemeinden kosten am Anfang sehr viel Geld. Das sind Defizite, die von der Hauptkirche getragen werden müssen. Manchmal wird man in solchen Momenten müde, einfach nur müde.

Oft hatte ich den Eindruck, dass es nun reicht: Jetzt habe ich genug gekämpft, genug gegründet, genug geglaubt, genug Tränen geweint, genug Ängste durchgestanden, genug Nächte durchwacht. Sollte ich nicht doch endlich etwas zur Ruhe kommen?

In all diesen Prozessen ist mir wichtig, dass ich nicht «einschlafe». Denn wenn ich das tue, wird es bald auch die Kirche und die Arbeit tun. Ich bin froh, dass ich Menschen um mich herum habe, die mir helfen und die mich weiterhin motivieren. Meine Gemeindeleitung, die Ältesten, viele Gemeindeglieder, die Menschen, die in der Stiftung ein Zuhause bekommen und wieder auf den Weg in die Gesellschaft hinein zurückfinden – sie alle sind mir Motivation genug, um nicht aufzugeben.

Zum Nachdenken

Ich weiß nicht, welche Visionen du vor Augen hast. Und ich weiß auch nicht, in welcher Phase der Realisierung du im Moment steckst. Vielleicht baust du gerade eine Jugend- oder Teenager-Arbeit auf. Vielleicht gründest du gerade eine Kirche oder bist mitten in einem Projekt für Sozialarbeit. Bleib einfach mutig dran, und setz dich nicht zur Ruhe. Lass dich nicht durch Schwierigkeiten stoppen. Es lohnt sich, nicht aufzugeben, egal, wie groß die Schwierigkeiten sind. Gott ist immer größer als die Schwierigkeiten. Deshalb: Gib nie auf!

Kapitel 15
Wir Ferienmacher

Schon früh machte ich meine ersten Erfahrungen als Lager-leiter. Ich war gerade mal fünfzehn Jahre alt und organisierte Pfadfindercamps. An eines erinnere ich mich ganz beson-ders gut. Ich war begeisterter Pferdeliebhaber und wollte ein Lager mit Ross und Wagen organisieren. Also mietete ich beides, und wir brachen in Winterthur auf und fuhren wie in alten Zeiten los Richtung Baden. In einem kleinen Dorf hatte ich einen Stallplatz für das Pferd organisiert, das Camp aber schlugen wir mitten auf einer kleinen Insel in der Reuss auf. Das war ein Lagerplatz ganz nach meinem Geschmack.

Doch in der zweiten Nacht änderte sich einiges. Durch Donnergrollen wurden wir aus dem Schlaf gerissen, und bald brach ein gewaltiges Gewitter über die Region herein. Der Pegelstand der Reuss stieg und stieg, unsere Insel wurde kleiner und kleiner. Plötzlich sahen wir, wie am Ufer Feuer-wehrleute auftauchten. Mit dem Megaphon forderten sie uns auf, Ruhe zu bewahren. Immer wieder riefen sie uns zu, dass Hilfe unterwegs sei. Hilfe, für was? So schlimm würde das ja wohl nicht werden!

Ein paar Minuten später ließen sie einen Feuerwehrmann an einem Seil gesichert zu uns rüberschwimmen. Er erklärte uns, dass die Insel in dieser Nacht garantiert überschwemmt würde und sie da seien, um uns zu retten. Allerdings war es unmöglich, einfach ans Ufer zu schwimmen, da die Fluten bereits so stark waren, dass sie uns mitgerissen hätten. Der Feuerwehrmann sagte aber immer wieder, dass Hilfe bereits unterwegs sei. Die Pontoniere von der Rekrutenschule Brem-garten seien alarmiert.

Tatsächlich dauerte es gar nicht lange, und schon sahen wir den Militär-Lastwagen. Ein Boot wurde ausgeladen, zu Wasser gelassen ... und, kaum zu glauben, das Schiff sank sofort. Hektisch riefen sie uns zu, dass sie neue Hilfe angefordert hätten, wir sollten noch ausharren. Doch das Gewitter tobte weiter. Blitze zuckten durch die Nacht, und der Fluss stieg und stieg.

Langsam realisierte ich den Ernst der Lage. Das war kein hübsches, kleines Pfadfinderabenteuer mehr. Hier ging es tatsächlich um Leben und Tod. Würden wir es wirklich alle schaffen? Plötzlich wurde mir bewusst, wie viel Verantwortung für die Kids auf mir lag. Was wäre, wenn ...?

Dann, nach einer gefühlten Ewigkeit, konnten die Rekruten ein zweites Boot zu Wasser lassen. Diesmal funktionierte alles nach Plan, und wir konnten evakuiert werden. Am Ufer wurden wir zwar wie Helden empfangen, doch der Feuerwehrchef nahm mich dann kurz zur Seite, um mit mir ein kurzes Gespräch «von Mann zu Mann» zu führen. Dieses Erlebnis war eine gute Lektion.

Ferien für alle

Später begannen meine Frau und ich mit der GvC-Jugend verschiedene Freizeiten zu organisieren. Zuerst waren da die Osterlager, später folgten Pfingst- und Skilager. Ganz besonders toll waren auch die Segeltörns, die Hausbootferien und die Freizeiten in der Toskana.

Ob Frühling, Sommer, Herbst oder Winter, ob mit Kids, Teens, Jugendlichen, jungen Erwachsenen, Singles oder Familien, für alle war mit der Zeit etwas dabei. Und so fuhren wir also bis zu dreimal im Jahr mit irgendwelchen GvC-Gruppen in irgendwelche Lager und Ferien. Ich merkte schnell, welche Kraft und welche Dynamik in diesen gemeinsamen Wochen steckten.

Die Gemeinschaft, die wir während dieser Tage erlebten, war eine enorme Motivation für den Aufbau der Jugend- und Gemeindearbeit. Durch diese gemeinsamen Erlebnisse konnte ich zu vielen Menschen eine tragende Beziehung aufbauen und sie prägen. Auf dieser Grundlage vermochten wir dann im Gemeindealltag zusammen durch dick und dünn zu gehen.

Aber diese Art von Ferien und von Volleinsatz war nicht nur angenehm und vergnüglich. Es war herausfordernd, von Gott immer wieder Großes zu erwarten. Ich wollte auch in diesem Arbeitszweig glauben, dass Gott fest zu mir hält und die Arbeit segnet. Ich war aber oft sehr müde und ausgelaugt. Und es gab Erlebnisse, die mich frustrierten.

Vieles trug häufig zur Mutlosigkeit bei: motzende Teenies, die nur herumhängen wollten, unzufriedene Familienoberhäupter, Regen und Sturm – all das half mir, mich im Bereich «Krisenmanagement» weiterzuentwickeln. Auch ganz nett waren jeweils längere Regenzeiten, bei denen die Zelte unter Wasser standen, oder im Gegensatz dazu Skigebiete, in denen es grün-braune Wiesen statt Schneepisten gab.

Trotzdem war ich überzeugt, dass es sich lohnt, an diesen Angeboten festzuhalten und damit zu rechnen, dass viele Teilnehmer in diesen Zeiten näher zu Jesus kamen. Tatsächlich hat sich dieser Einsatz ausgezahlt. Wie viele Entscheidungen für Jesus sind da doch gefällt worden, wie viele verlorene Söhne und Töchter sind ins Vaterhaus zurückgekommen! Es waren bestimmt über siebzig Lager und Ferienwochen, an deren Ende ich todmüde nach Hause fuhr und trotzdem sagen konnte: «Es isch härt gsi, aber 's hät sich glohnt.» («Es war hart, aber es hat sich gelohnt.»)

Tja, okay, wenn irgendjemand mitkommt? ...

Stefan und Markus Reichenbach, Inhaber des auf christliche Gruppenreisen spezialisierten Reisebüros «Kultour Ferienreisen», fragten meine Frau und mich eines Tages, ob wir uns vorstellen könnten, Familienferien auch für Leute außerhalb der GvC anzubieten. Wir überlegten nicht lange, sondern sagten ganz einfach: «Tja, okay, wenn irgendjemand mitkommt? ...»

Dieser Satz war der Beginn der großen «Ferien am Meer», und wir starteten mit 130 Gästen in Sizilien. Im Jahr 2009 führten wir dieses Angebot dann zum dreizehnten Mal an unterschiedlichen Destinationen durch. Jedes Jahr gab es einen neuen Teilnehmerrekord. Über 1600 Teilnehmer, quer durch alle Generationen, begleiteten uns 2009 nach Griechenland.

Bald kam Kultour Ferienreisen mit einer neuen Idee: Kreuzfahrten! Warum auch nicht? Also wagten Reichenbachs mit mir und meiner Frau zusammen auch dieses Abenteuer. Zuerst reisten wir mit einer 100-köpfigen Gruppe als eine von vielen anderen Parteien auf dem Schiff, dann wagten wir den nächsten großen Sprung.

Das Reisebüro charterte die «Costa Marina», ein Kreuzfahrtschiff mit Platz für 800 Gäste. Gemeinsam mit vielen anderen aus der GvC gestalteten meine Frau und ich das Programm. Da gab es die GvC-Band, tägliche Gottesdienste, Vorträge, Konzerte, Kids- und Jugendprogramme und selbstverständlich auch ein Angebot für Senioren. Im Herbst 2009 fand bereits unsere sechste Kreuzfahrt statt.

Es gibt keine einfachen Erfolgsrezepte

Immer wieder fragen mich Leute, was denn «das Erfolgsrezept» unserer Ferienangebote sei. Es gibt kein Rezept.

Wenn Ferien gelingen, ist es immer auch Gnade. Trotzdem gibt es ein paar wichtige und hilfreiche Elemente. Dazu gehören begeisternde, spannende, alltagsrelevante, fröhliche Gottesdienste. Es braucht voll motivierte und ansteckende Teams für alle Zielgruppen. Und genauso wichtig ist eine gute, von Freundschaft geprägte Zusammenarbeit mit dem Anbieter, in unserem Fall mit Kultour Ferienreisen.

Und zwei weitere wichtige Elemente gehörten für mich immer dazu: zum Ersten eine glasklare Vision. *Wir wollen in den Herzen von Menschen aller Generationen ein neues Feuer für unseren genialen Gott anzünden. Und wir wollen miterleben, wie Menschen, die weit weg von Gott sind, ihm erstmals oder ganz neu begegnen.*

Ganz wichtig war zweitens die Bereitschaft von mir und meiner Frau – ja von allen Mitarbeitern –, einen hohen Preis zu zahlen. Denn hinter den Kulissen gab es immer viele Schwierigkeiten und Hürden zu überwinden. Da waren zum Beispiel die Unstimmigkeiten mit Hotels, die ihre Abmachungen nicht einhalten wollten. Oder ich denke an die vielen Wetterkapriolen, diverse Pannen, Übermüdung der Mitarbeiter und vieles, vieles mehr.

Ganz speziell war für uns die zweite Kreuzfahrt mit der Costa Marina. Plötzlich ging eine Antriebswelle kaputt, und die Reise musste schlussendlich abgebrochen werden.

Ganz anders waren die Schwierigkeiten während der Ferien in Gümüldür (Südtürkei). Französische Gäste protestierten gegen unsere Open-Air-Gottesdienste. So mussten wir eine in der Nähe liegende Veranstaltungshalle mieten. Aber auch das war kompliziert, weil der Bürgermeister die christlichen Aktivitäten verbot. Es dauerte fast zwei Tage, bis wir dann doch noch eine Bewilligung in den Händen hielten. Und am selben Ort hatten wir Probleme mit dem Zoll. Wegen

Fehlern in den Zollpapieren wollten die Beamten den Transporter mit dem gesamten Material nicht rausrücken.

Auch das folgende Beispiel bringt mich heute zum Schmunzeln – ich gebe es zu, damals nicht. Wir waren auf der Insel Evia, das Hotel war hoffnungslos überbucht. So musste ich zusammen mit meiner Frau innerhalb von fünfzehn Minuten unser Zimmer räumen. Anschließend wurden wir in einem Computerraum einquartiert, das machte wahrlich Stimmung!

Auch in guter Erinnerung sind mir die deutschen Touristen geblieben, die über ihr Reisebüro ein Hotel an «sehr ruhiger Lage» gebucht hatten. Tja, und an ebendieser ruhigen Lage trafen sie dann 800 Schweizer mit 200 lärmenden Kids. Was musste ich mir da nicht alles anhören!

Und ebenfalls auf der Insel Evia erlebte ich einen heiklen Moment, weil ich die Leute über das Swissair-Grounding, den Konkurs unserer national so geliebten Schweizer Fluggesellschaft, informieren musste. Zuerst waren alle überzeugt, dass ich einen Witz machen würde, und sie lachten über meinen Versuch, sie reinzulegen. Ich erklärte ihnen dann aber, dass wir tatsächlich noch keinen Rückflug hätten und dieser irgendwie noch organisiert werden müsste. Erst da realisierten sie, dass die Swissair tatsächlich nicht mehr fliegt.

Und dann waren da noch die endlosen Nächte, in denen uns Jugendliche mit ihren Eskapaden auf den letzten noch vorhandenen Nerv gingen …

Von Jeep-Safaris und streikenden Ärzten

Höhepunkte in meinen Ferienangeboten waren und sind immer wieder die Reisen nach Israel. So unterschiedlich wie die Gruppen waren auch die angebotenen Reisen. Egal ob Standardprogramm, Abenteuerprogramm oder Programme mit Wahlmöglichkeiten, jede Reise hatte ihre speziellen Geschichten. Mittlerweile habe ich schon fast zwanzig Gruppen durch dieses wunderbare Land geführt.

Einige Male organisierte ich Jugend-Jeep-Reisen. Das heißt, wir mieteten die Jeeps und fuhren selber durch die verschiedensten Wüsten Israels. Was waren das für abenteuerliche Tage und Wochen! Heute führe ich dieses Angebot nicht mehr durch; Jeep-Reisen, bei denen jeder Reiseteilnehmer auch mal selber fahren kann, sind mir doch etwas zu gefährlich geworden.

Es war an einem wirklich heißen Sommertag, und wir waren unterwegs mit sieben Jeeps. In jedem saßen sechs Leute. In einer Kolonne fuhren wir Richtung Norden. Plötzlich trat der Fahrer vor uns völlig überraschend auf die Bremse seines Jeeps, mein Fahrer konnte nicht mehr rechtzeitig reagieren und fuhr ihm hinten rein. Auch der Nächste konnte nicht mehr bremsen und fuhr bei mir auf, und so kam der Tross schließlich zum Stehen.

Sofort sprang ich aus unserem verbeulten Jeep und kümmerte mich um die Leute, die doch echt geschockt waren. Ich dankte Gott, dass alle unverletzt geblieben waren und wir «nur» drei schrottreife Jeeps hatten.

Allerdings spürte ich dann ein paar Stunden später bei mir selber plötzlich stechende Schmerzen. Ich konnte nicht mehr gehen, konnte mich kaum mehr bewegen. Und dann merkte ich auch, dass ich Blut im Urin hatte. Unser Reiseleiter brachte mich in das Krankenhaus von Tiberias, in dem die Ärzte gerade streikten. Nach einigen Stunden erhielt ich dann trotzdem eine Diagnose: Nierenriss.

Die Zustände in dieser Klinik waren aber so katastrophal, dass ich noch in der gleichen Nacht irgendein Dokument un-

terschrieben und auf eigene Verantwortung das Krankenhaus verlassen habe. Ich ging zurück zu meiner Gruppe und
verbrachte den Rest der Freizeit liegend unter schattigen
Bäumen. In dieser Zeit hatte ich die besten Gespräche mit
den Teilnehmern, denn jetzt hatte ich endlich einmal *richtig*
Zeit für sie.

Ein Spaziergang sind solche Ferienangebote sicher nicht. Es
gab viele Momente mit Tränen der Überforderung, wenn
sich ein 17-Stunden-Tag an den anderen reihte.

Doch gemeinsam mit meinem Team waren wir immer
wieder bereit, für die uns gesteckten Ziele den geforderten
Tribut zu bezahlen. Und die vielen Echos unserer Teilnehmer
und Gäste beweisen, dass sich diese Einsätze gelohnt haben.
Ich bin immer wieder begeistert, was während dieser Ferien-
zeiten alles geschieht. Darum werden meine Frau und ich
auch in Zukunft Menschen in ihre schönsten Wochen des
Jahres begleiten.

Zum Nachdenken

Mein Feriengeheimnis heißt: «Ein dankbares Herz!» So banal, aber doch so enorm kraftvoll, wenn es angewendet wird.
Seien wir doch ehrlich: In fast nichts setzen wir Menschen
so hohe Erwartungen wie in die alljährlichen Ferien.

In unserer Vorfreude malen wir uns in allen Farben aus,
wie's dann sein wird: das Hotel, der Ehepartner, das Essen,
die Landschaft, das Wetter, die Abende, die Leute, die Kinder,
die Atmosphäre.

Und dann kommt meist einiges doch ganz anders, und
uns wird klar, dass auch Ferien eben doch noch nicht der
Himmel auf Erden sind. Dann haben wir die Wahl: Man
kann innerlich an dem hängenbleiben, was *nicht* so ist, wie

man es eben erwartet hat – und sich damit die ganzen Ferien vermiesen. Oder man kann sich für das Feriengeheimnis «Ein dankbares Herz!» entscheiden.

Wie man das macht? Wir müssen lernen, die Gedanken auf das zu richten, was *gut* ist, auf das, worüber wir uns freuen können. Und wir sollten dabei unserem Gott immer und immer wieder von ganzem Herzen für all das, was er uns schenkt, danken. Ja, so banal ist das, aber auch so tausendfach erprobt!

Übrigens – das funktioniert auch beim Wetter, denn es gibt kein «schlechtes Ferienwetter»; man muss nur die richtige Kleidung und das richtige Tagesprogramm wählen!

Kapitel 16
«Leadership light?» –
Nein: «Leadership all inclusive!»

Seit Jahren führe ich ein Tagebuch. Eines meiner Hilfsmittel, um mein Leben in der Balance zu halten.

Meine Tagebücher sind voll von Momenten, in denen ich überzeugt davon war, dass es nicht mehr weitergeht. Ich beschreibe vermeintliche Sackgassen und Misserfolge. Oder auch, wie hoffnungslos ich mich manchmal fühle.

Ich dachte oft, ich sei alleine mit solchen Empfindungen. Doch ich merkte bald, dass ich mich in bester biblischer Gesellschaft befand: Mose, Jeremia, Jesus, Paulus. Sie alle kannten diese Gefühls-Achterbahnen auch, und sie alle hatten etwas gemeinsam: Sie gaben nicht auf!

Die höchste Hürde in meiner Leiterschaft war (und ist) es immer wieder, zu akzeptieren, dass Leiterschaft wie ein Paket ist. Wenn man dieses Paket auspackt, kommen wunderschöne, begeisternde, beglückende, motivierende Dinge zum Vorschein. Dann sind aber auch Dinge drin, denen man ausweichen möchte, vor denen man sich fürchtet, ja, die man geradezu «hasst».

In der Vergangenheit glaubte ich in verschiedenen Situationen, mich vor den Dingen, die mir Mühe bereiten, drücken zu können, also «Leadership light» praktizieren zu dürfen. Ich musste aber lernen (und bin immer noch dabei), dass echte Leiterschaft eben alles beinhaltet, sozusagen «Leadership all inclusive».

Im Laufe der letzten zwanzig Jahre gab es für mich sieben Themen, bei denen ich mich immer wieder entscheiden musste, ob ich wirklich das ganze Paket «Leadership all inclusive» annehmen wollte oder nicht.

1. Konflikte

Ich bin ein harmoniebedürftiger (oder vielleicht eher konfliktscheuer) Mensch, und ich versuchte Konflikten auszuweichen, wo immer ich nur konnte. Ich hasste Konflikte. War einer da, dann lag er wie eine graue Wolke über meinem Leben. Ich litt enorm unter Konflikten, denn je größer die Kirche und die Stiftung wurden, die ich geleitet habe, desto mehr musste ich diese Schwierigkeiten aktiv angehen.

Ich musste mich der Tatsache stellen, dass Probleme die normalste Sache der Welt sind. Und genauso normal gehören die Fähigkeiten zur Konfliktlösung ins Repertoire eines Leiters. Mit der Zeit realisierte ich, dass Konflikte zum eigentlichen Kerngeschäft eines Leiters gehören.

Als ich das entdeckte, fragte ich mich ernsthaft: Will ich das? Bin ich dazu bereit? Ich wusste: Entweder ich sage Ja zur «Leiterschaft all inclusive» und damit auch zu den Herausforderungen, die Konflikte mit sich bringen. Oder ich höre damit ganz auf. Ich habe mich fürs Inklusiv-Paket entschieden.

Das bedeutet nun freilich nicht, dass ich heute bei einem anrollenden Konflikt in Verzückung ausbreche. Aber seit meiner Entscheidung zu «Leadership all inclusive» hat sich meine Grundeinstellung zu Problemfeldern verändert, und das hilft mir enorm.

2. Kritik

Das Zweite, was mir Mühe machte – ja, heute noch sehr zusetzt –, ist Kritik. Trotz allem, was ich aus meiner Prägung «Du kannst es ja doch nicht!» aufgearbeitet habe, möchte ich auch heute immer noch so gerne, dass alle mich gut finden. Aber das geht einfach nicht. Wieso sollen alle mich und meine Leistung gut finden? Das wäre sogar schlecht. Wäre ich nur von Menschen umgeben, die mich immer bestätigen, wäre meine Persönlichkeitsentwicklung echt gefährdet. Und so habe ich mich mit einem ernst gemeinten Ja dazu entschieden, dass Kritik einfach dazugehört.

Kritik von Mitarbeitern, Eltern, Kindern gehört auch zu *deinem* ganz normalen Alltag. Bist du bereit, diese Herausforderung anzunehmen? Erst wenn du auch diesen Teil von «Leadership all inclusive» annimmst, wirst du auf Kritik richtig reagieren können. Erst dann wirst du die Fähigkeit entwickeln, mit Kritik richtig umzugehen, und diese als Hilfe erleben. *Du* entscheidest, ob du das willst. Oder ob du als unfehlbarer Rechthaber durchs Leben gehen willst.

3. Arbeiten mit den Menschen, die Jesus mir anvertraut

Vor vielen Jahren machte ich entscheidende Denkfehler. Ich war öfters in anderen Gemeinden, um zu predigen, oder durfte Freizeiten mit anderen als den eigenen Verantwortlichen leiten. Wenn mir dann jeweils die Verantwortlichen und Mitarbeiter vorgestellt wurden, dachte ich öfters: «Wow, solche Mitarbeiter möchte ich auch haben. Wenn meine so wären, dann könnte ich auch Großes wagen. Aber mit den GvC-lern ...»

Ich hatte damals viel mit den vermeintlichen Unzulänglichkeiten meiner ehrenamtlichen Mitarbeiter zu kämpfen. Ihre Fehler und Schwächen ärgerten mich immer wieder: Unpünktlichkeit, Unmotiviertheit, ihre ganze Art, die mangelnde Konstanz und die fehlende Kompetenz ... Gott hatte mir wirklich ganz spezielle Menschen zur Seite gestellt. Viele von ihnen kamen damals von der Gasse. Nicht gerade das, was man als einen guten Leistungsnachweis betrachten kann.

Hier nur eines von vielen Beispielen: In der Jugendgruppe hatten wir uns entschieden, mit einem umgebauten Reisebus eine Woche lang auf der Straße mit Menschen ins Gespräch zu kommen. Der Bus wurde uns von einem jungen, in Sachen Straßenevangelisation erprobten Mann bereitgestellt.

Bevor wir diesen Einsatz angingen, lud ich ihn noch zum Mittagessen ein, gemeinsam mit dem Einsatzteam. Als wir fertig waren, nahm er mich auf die Seite und fragte mich besorgt: «Mit diesem Haufen willst du eine Woche lang auf der Straße Menschen von Jesus erzählen?»

Meine Antwort: «Jawohl, mit diesem Haufen.»

Und es war wirklich ein «wilder Haufen». Einige waren psychisch schwer angeschlagen, andere waren gerade mal ein paar Tage weg von harten Drogen. Also tatsächlich nicht gerade ein Dream-Team. Und doch – kaum zu glauben –, es wurde einer der besten Straßeneinsätze überhaupt. Mit sehr vielen Menschen konnten wir über unsere Erfahrungen mit Jesus reden, wir konnten Leuten von der Gasse einfach Zeit schenken, ihnen zuhören und sie ermutigen.

Trotzdem schielte ich immer wieder in andere Gemeinden mit ihren ach so tollen Mitarbeiterinnen und Mitarbeitern. Eines Tages erzählte ich dies einem Freund.

Er sagte mir: «Hey, Johannes, entweder du nimmst die Menschen, die du hast, als von Jesus gegeben an. Oder du hörst ganz einfach auf.»

Das löste in mir natürlich schon einen Kampf aus, aber ich kam doch zur einzig richtigen Entscheidung: «Ich nehme jedes einzelne Mitglied als ein Geschenk Gottes an und glaube daran, dass diese Teams viel bewirken können.» Von diesem

Moment an war ich überzeugt, die besten Mitarbeiter zu haben, die es überhaupt gibt.

In der Zwischenzeit sind aus der GvC viele fantastische, treue Mitarbeiterinnen und Mitarbeiter herangewachsen. Oft haben sie mich tief beschämt, und manche haben mich überflügelt. Heute bin ich so richtig stolz auf meine Leute!

«Leadership all inclusive» heißt: Ja sagen zu den Mitarbeitern, die Jesus mir gegeben hat, und mit ihnen gemeinsam das Beste machen, was wir können.

4. Ein «Stück Einsamkeit»

Ich hatte und habe gute Freunde! Ich fühle mich von vielen Menschen in der Gemeinde geliebt und getragen, und doch bin ich immer wieder ein bisschen einsam. Denn als Leiter bin ich auch immer wieder derjenige, der vorausgehen muss. Es gehört zu meiner Verantwortung, immer dann zu motivieren und für andere da zu sein, wenn sie resigniert und enttäuscht am Boden liegen. Ich kann dann nicht mit ihnen in der «Asche» sitzen.

Im Gegenteil, es ist meine Aufgabe, gerade in schwierigen Momenten zu ermutigen und Hoffnung und Zuversicht zu vermitteln. Es gilt, sich hinzustellen und zu sagen: «Jawohl, wir haben einen Rückschlag erlitten. Jawohl, es sieht nach wenigen Mitarbeitern aus. Jawohl, diese Schwierigkeiten machen uns Mühe. Und trotzdem werden wir es mit Jesu Hilfe schaffen.»

Diese Einsamkeit spürte ich oft dann, wenn es in der Entwicklung der GvC-Kirche oder in der Stiftung schwierig und eng wurde. Wenn ich merkte, dass Menschen um mich herum nicht mehr an die Erreichung des Ziels, an die Umsetzung der Vision glaubten.

Schwierig war es manchmal auch dann, wenn der «Alltag» in die Gemeinde eingekehrt war. Wenn alles rund lief, wir uns so richtig schön eingerichtet hatten und bequem geworden waren. Manchmal mochte ich ja selber nicht mehr und hätte mich auch gerne einfach einmal ausgeruht. In solchen Phasen musste ich vorleben, dass Gott mit uns nun wieder weitergehen möchte.

Immer zum Jahresbeginn gibt es bei uns den so genannten Jahresvisionsgottesdienst. Oft stand ich vor der Gemeinde und wusste, dass ich nicht wirklich etwas Neues zu sagen hatte. Es ging immer darum, nicht stehenzubleiben, sondern weiterzugehen und die Herausforderungen, die Gott uns gibt, mutig anzunehmen. Mir war klar, dass einige von den Gottesdienstbesuchern denken oder gar sagen würden: «Oh nein, nicht schon wieder ...»

Trotzdem habe ich mich hingestellt und der Gemeinde zum vielleicht zehnten Mal die Geschichte von den vielen Rettungsstationen an einer gefährlichen Küste erzählt; Rettungsstationen, die früher einmal dazu da waren, um Menschen zu retten, dann aber zum Clubhaus ausgebaut wurden. Die Menschen in diesen Clubhäusern sind so träge geworden, dass sie keine Lust mehr hatten, bei stürmischer See hinauszufahren und irgendwelche Menschen zu retten. Und so entstand zwar Clubhaus um Clubhaus, aber niemand fuhr mehr hinaus.

Jedes Jahr sagte ich dann: «Hey Leute, an dem Tag, an dem wir zum Clubhaus werden, müsst ihr euch einen neuen Leiter suchen.»

«Leadership all inclusive» heißt: Ein Stück Einsamkeit aushalten, das Ziel im Auge behalten und immer und immer wieder die Signaltrompeten zum Aufbruch und Weitergehen blasen. Egal, ob ich mich gerade ganz alleine fühle oder selber auch keine Lust mehr in mir verspüre.

Manchmal denken die Menschen: «Der Johannes braucht immer wieder etwas Neues.»

Das stimmt, in der Vergangenheit war dies oft der Fall. Doch in der Zwischenzeit würde ich gerne einfach ausruhen. Ich habe bestimmt genug verrückte Dinge in meinem Leben gewagt. Ich muss niemandem mehr etwas beweisen – auch mir selber nicht.

Nein, ich brauche eigentlich keine Herausforderungen mehr. Aber mein himmlischer Vater will es! Er fordert mich immer und immer wieder heraus, noch mehr Menschen in sein Vaterhaus zu rufen. Und ich habe, bis zum heutigen Tag, immer und immer wieder mein Ja dazu gegeben. Oft habe ich mich unter Tränen dazu durchgerungen.

Diese Entscheidungen fällte ich oft nachts, in Stunden, in denen ich wirklich einsam war. Da kann einem niemand helfen, da muss man durch.

5. Meine Begrenzungen und Schwächen

Auch wenn es manchmal so wirkt – ich gehöre nicht zu den Menschen, die von Natur aus mit sich selbst zufrieden sind und vor Selbstwert geradezu strotzen. Immer wieder gab und gibt es neue Seiten an mir, die mir, aus meiner Sicht, bei meinen Aufgaben im Wege stehen.

Ich bin impulsiv, habe einen Hang zur Maßlosigkeit und bin manchmal ganz schön ungeduldig. Zudem bin ich noch ein Leiter, der viel Schlaf braucht. Dabei hätte ich doch gar keine Zeit zum Schlafen. Wie oft schielte ich eifersüchtig auf Kollegen, die mir erzählten, dass ihnen fünf Stunden Schlaf reichen würden. *Oh*, dachte ich dann, *wenn das bei mir so wäre, könnte ich noch viel mehr bewegen*. Ich musste mitunter auf die harte Tour lernen, dass ich nun einfach mehr Ruhezeiten als andere brauche und insbesondere das «Sabbatgebot» nicht ungestraft umgehen konnte. Einen Tag Ruhe zu haben jede Woche, wirkliche Ruhe, ist für mich unabdingbar.

«Leadership all inclusive» heißt für mich: Ja sagen zu dem, wie Gott mich geschaffen hat. Ja zu allen meinen Stärken, aber auch zu all meinen Schwächen. Immer wieder muss ich deshalb auch meine Mitarbeiterinnen und Mitarbeiter bitten, mich so zu akzeptieren und zu nehmen, wie ich bin.

Wir alle haben unterschiedliche Kräfte und Lebenssituationen vorzuweisen. So ist mir in all den Jahren wichtig geworden, auch die individuellen Grenzen meiner Mitarbeiter und Gemeindeglieder voll zu akzeptieren.

Geistliches Leben misst sich nicht daran, wie viel wir machen, sondern mit welcher Überzeugung wir etwas tun. Als der isländische Vulkan Eyjafjallajökull seine Asche über ganz Europa verteilte, gab es auch auf dem Flughafen in Zürich-Kloten viele Gestrandete. Viele von ihnen hatten keine Chance, irgendwie weiterzureisen, und hatten auch kein Geld für Hotels. Als Gemeinde haben wir dann diese Leute in unsere Familien und Häuser eingeladen. Eine gute Idee, und ich habe mich sehr darüber gefreut, dass sich so viele aus der Gemeinde beteiligten. Aber es gab auch solche, die konnten nicht mitmachen. Sie hatten aus verschiedenen Gründen nicht die Kraft für gestrandete Menschen von irgendwelchen Kontinenten.

Als Kirche bewegen uns immer wieder solche Aktionen, einfach deshalb, weil wir mit offenen Augen durch unsere Stadt gehen und so die Bedürfnisse der Menschen sehen wollen. Nur wer sich wirklich bewusst ist, über welche Stärken, Schwächen und Grenzen er verfügt, wird sich bei den für ihn richtigen und zu ihm passenden Aktionen einsetzen.

6. Reifezeit «in the middle»

Zwischen dem Anfang und dem Ziel liegt «the middle». Diese Mitte empfinde ich als die schwierigste Zeit. Denn dies ist die Zeit des Durchhaltens, des Reifens, des Werdens. Man ist mit einem Projekt nicht mehr am Start, aber das Ende ist auch noch nicht in Sicht. Immer wieder durchleben wir solche Phasen. Wie gehen wir damit um? Wie bereiten wir unsere Mitarbeiterinnen und Mitarbeiter für solche Zeiten vor, wie führen wir sie hindurch? Wie motivieren wir sie und uns selber?

Etwas zu starten ist begeisternd, etwas Neues anzupacken ebenso. Aber etwas auszuhalten, eine trockene Zeit, eine Wüstenzeit durchzustehen, das ist ein ganz anderes Thema. Und doch gehört es dazu. In solchen Zeiten ist ein Leiter ganz besonders gefordert, und es ist wichtig, dass er in diesen Phasen die einzelnen Mitarbeiter, aber auch das eigentliche Ziel, nicht aus den Augen verliert.

7. Krisen

Krisen und Enttäuschungen sind Wachstumsfaktoren: «In crisis you can become either bitter or better.» («In Krisen kannst du entweder bitter oder besser werden.») Dies gilt auch für ganze Gruppen. Deshalb muss besonders ein Leiter für Krisen gut gerüstet sein.

Ich erinnere mich an eine Phase, in der ich jeden Abend, wenn ich ins Bett ging, Angst davor hatte, was wohl diese Nacht wieder passieren könnte. Würde das Therapiehaus anrufen, es sei ein Teilnehmer gestorben? Wird in einem der vielen GvC-Lager ein Unglück passieren? Wird jemand aus der Gemeinde sterben, und ich müsste dann unbedingt hin, um zu helfen und zu trösten?

Wieder einmal kam tatsächlich so ein Anruf. Eine Mutter von drei Kindern war gerade gestorben, und ich musste hin. Ich ließ den Telefonhörer sinken und trat von meinem Büro auf den Flur hinaus. Da kam mir gerade Marcel Mettler, der Geschäftsführer der Quellenhof-Stiftung, entgegen. Ich erzählte ihm, was passiert war, und schrie dann:

«Siehst du, darum habe ich meinen Beruf so satt, gerade darum!»

Er schaute mich nur verwundert an, aber in dem Moment sagte eine Stimme tief in mir drinnen: «Johannes, gerade darum habe ich dich in diese Aufgabe gestellt. Damit es einen gibt, der in solchen Situationen hingeht, tröstet und weiterhilft.»

In jenem Moment entschied ich mich, das ganze Paket namens «Leadership all inclusive» anzunehmen, insbesondere auch in Krisenzeiten.

Kapitel 17
Gib nie auf – und wenn doch?

Mit meinem Buch will ich Menschen in den unterschiedlichsten Lebenssituationen ermutigen, niemals aufzugeben. Das geht bei mir tief, sehr tief! Denn ich bin in meinem Leben allzu vielen Personen begegnet, die einen Traum, einen Gedanken, einen inneren Antrieb, eine Mission spürten, aber irgendwann doch aufgaben. Hinter diesem Aufgeben stecken verschiedenste Gründe.

Viele sind oder waren nicht bereit, den hohen Preis, den Tribut des «Dranbleibens» zu bezahlen.

Visionen umzusetzen, das verlangt Ausdauer und Überwindungskraft. Schwierigkeiten auf dem Weg mit Gott haben ihre Folgen. In meiner Arbeit sind mir immer wieder Menschen begegnet, die falsche Beziehungen eingegangen sind. Manche haben gar für ein «Linsengericht», für die momentane Befriedigung von ganz persönlichen Wünschen und Begierden, ihre Vision «verkauft». Sie haben einer Charakterschwäche erlaubt, überhandzunehmen und die Vision zu zerstören.

Wieder andere hatten nicht die Geduld, die Spannung zwischen dem tiefen inneren Wissen und der Zeit bis zur Umsetzung auszuhalten. Und in ihrer Ungeduld erkannten sie dann den richtigen Moment nicht, in dem Gott endlich den Weg freigab.

Dann gibt es aber auch die Menschen, denen ich raten muss, ihr Vorhaben, ihre Träume zu begraben. Es sind jene Menschen, die mit ihrem Traum, mit ihrer Mission, in falsche Richtungen galoppieren. Meist handelt es sich dabei um Dinge, die ihre Fähigkeiten übersteigen. Wenn persönliche Wünsche *über* Gottes Führung gestellt werden, ist man oft nicht mehr ehrlich zu sich selber, auch nicht zu Gott und zu den Mitmenschen. Aber irgendwie haben sich Ideen in den Köpfen gewisser Menschen eingenistet, obwohl eigentlich immer klarer wird, dass Gott den Weg nicht freigibt. So manche versuchen mit dem Kopf durch die Wand zu gehen, völlig fixiert auf die Erfüllung ihres Traumes.

Gerade diese Menschen sind es, die sich durch dieses Buch fälschlicherweise bestätigt fühlen könnten. Es gibt nämlich auch Momente im Leben, in denen man sich selbst eingestehen muss, dass man sich in eine falsche Idee und in eine falsche Richtung verrannt hat. In solchen Momenten muss man einen Traum beiseitelegen und sich von Gott neue, andere Perspektiven zeigen lassen.

Die richtige Vision finden

Aber wie finde ich heraus, welche Vision die richtige ist? Wann ist was dran, und wann was nicht? Wo soll ich nicht aufgeben, und wann soll ich etwas fallen lassen? Um das herauszufinden, braucht es echte Freunde. Menschen, die einen wirklich gut kennen. Geistliche Väter und Mütter, die bereit sind, einem ehrlich ins Leben hineinzureden. So unter dem Motto: «Rate mir! Du darfst mir auch abraten.»

Das Entscheidende aber ist: Es geht bei Gottes Plan für ein Leben nie darum, möglichst eine «große Nummer» zu werden! Es geht nicht darum, dass der eine oder andere über uns sagt: «Der oder die hat es geschafft.» Ich hatte nie das Große im Blick. Vor meinen Augen hatte ich jeweils immer nur gerade den nächsten Schritt. Und diesen nächsten Schritt tat ich dann, so glaube ich sagen zu dürfen, treu und konsequent.

Dabei war mir immer wichtig, nie den Blick auf meinen himmlischen Vater zu verlieren. Ich wollte nie die Bereitschaft aufgeben, ihm zu folgen. Egal, ob es bei den erhaltenen Aufgaben um etwas Kleines, Unattraktives ging oder um etwas Größeres, das gegen außen sichtbar wurde und Gestalt annahm.

Die größte Leistung ist allerdings sowieso nicht das, was wir am Ende unseres Lebens vollbracht haben.

Das Wichtigste ist, Gott zu lieben.